U0153665

儒家道統與民主共和

潘朝陽 主編

國立臺灣師範大學出版中心

序

儒家從孔孟就主張依仁義之道實行王道，換言之，儒家給中國建立的文化形式是孔子揭櫫的「仁道」，也是孟子加以弘揚的「仁義之道」，此道由天所命，而在人之心性言則為道德實踐義的「良知良能」。因此，以仁義為核心而以良知良能為動源的文化形式，它開展出來的文化意識和文化方向，就成為中國儒家主張的聖君賢相踐履實現親民仁民的國家內容，也是儒家信持的通過德教而使人人皆有士君子之行的人文大化的天下格局。

基於上述，儒家自古以來就有一種理想政治的藍圖，那就是托古而美化的所謂「三代之治」，或以堯舜禹為古聖王典範，而標舉了以德「禪讓」的公天下政治形式。儒家根據其仁義論和良知論，當然在政治上堅持主張君王以德禪讓的太平世之理想實現。所以，孟子宣稱人民有革命權力，儒家承認湯武革命是應天順人、弔民伐罪而拯生民於水火的大義。

然而歷史的走向卻是詭譎曲折的，中國專制政體的政道，並非純粹的儒家理想的實踐。傳統朝廷的帝制，秦始皇一天下之後，純粹行極權的法家之術，不旋踵因暴而速亡。漢滅秦而興，遂開中國兩千年的雜王霸之道而儒法並用之君主專制之政局，也就是以申韓法家行帝王宰治天下之術，而緣飾以儒家。因此，政統之道的核心思想是申韓法術，治統之道的核心思想是儒家仁義，可是，治統的體系兩千年來無法在根本上進入政統的堡壘而清洗掉申韓法家的帝王宰制術，故完全無法制衡或革除不合理的皇帝，甚至皇帝可以牢籠天下士子以功名利祿，外朝百官絕大多數被權貴厚利薰習而喪失了仁義之道的良知，故治道方面亦隨之而墮落，於是亦成為皇帝專制黎民百姓的鷹犬和奴才。是以兩千多年來儒家的王道理想無法實踐，換言之，孔孟希望的仁義之政的太平世，只是一種儒家的美夢，民本主義已長期遭受壓抑，更遑論儒家形態的民主主義之實現。

至 19 世紀，歐西諸國挾其現代化之科技和思潮衝擊中國，中國政治的老舊典範，已土崩魚爛，國族命脈危脆甚矣，孫中山發動國民革命，歷經十次流血革命而創建了亞洲第一個民主共和國。而在孫中山之後，由於那個時代中國內外性結構性之困難，致使在政體上分裂為中華民國和中華人民共和國，前者本來就是源生創始於孫中山的學問和思想，在立國的基礎方向上，本來就是以中國原生的文化思想為中心，再融合以西方的政治思潮；而後者建政立國，並非源於孫中山，而是馬克思列寧主義，是西方政治思潮中的共產主義或社會主義，在其中原本是反中國傳統文化的全盤西化論派中的左翼革命性政治思潮，然而隨歷史縱深之演進，中國大陸亦漸漸有其文化意識和文化方向復返的趨勢，此趨勢或許仍然曖昧仍然青澀，但其文化轉向的徵兆多少已顯端倪。另外，在治權只及於臺澎金馬的中華民國，失其大陸的治權已達六十五年，在這段不算短的時間裡，執政的國民黨漸漸地明顯喪失了她的創建者孫中山的思想本質，中華民國早已丟棄了《三民主義》的理想和精神，國民黨和中華民國，已經是一種美國式資本主義或稱為「自由主義」形態的政黨和政體，朝野只知於「外延思維」方面拿歐美資本主義或稱為「自由主義」的民主制度無限上綱成為聖經式的文本和話語，但在「內容思維」方面卻逐漸地少掉了國民的道德教養以及國民應有的本有之文化價值信仰，雖然臺灣社會依然屬於儒家之道為核心的文明體系，可是由於在國家層面上急遽地失落了本有的儒家之道的立國和治國的文化形式和內容，這個社會還能保持多少以及多久的傳統儒家德教以為臺灣人民的基本文化認同和信念，不能無疑。

然而，無論如何，兩岸的政道，既不能仍以馬列主義為綱常，也不能仍以歐美式資本主義或自由主義為綱常，因為中華民族不能時過百年了還依然西化，不管是左的還是右的西化，均不能真正建設自己的文化形式，沒有任何國家和民族可以拿他國他族的文化意識和文化方向來自己主體地建立文化形式和內容的。由此，我們必須嚴肅思考，儒家道統對於21 世紀的民主（中華民國）或共和（中華人民共和國）的此兩個政體之政道的方向之新典範的建立，實有其依然恆定常規之意義。

基於上文之簡述，臺灣師範大學頂大整合型研究計畫的漢學整合型研究團隊，以「儒家道統與民主共和」為主題，環繞以下5項子題，在臺灣師大舉行了國際學術研討會：

1.儒家道統與孫中山思想。

2.孫中山與民主共和。

3.孫中山民生主義與馬克思主義、資本主義的比較。

4.儒家政治思想與民主共和。

5.民主共和與未來。

研討會在2015年9月1日（週二）、2日（週三）兩天圓滿舉行完畢，我們邀請了臺灣、大陸、亞洲以及世界各地的相關學者專家參與並發表論文，藉由本研討會之舉辦，讓學者彼此之交流，激盪出儒家倫常的現代政治實踐理論與新意義。

我們收集了此次儒學研討會的論文，共有10篇。撰稿者，中國大陸學者2位；日籍學者2位；韓籍學者1位；臺灣學者4位，馬來西亞學者1位。以上論文就地理範圍言，跨及中國大陸、臺灣以及馬來西亞；就時間脈絡言，則從上古到現代並及於當代。而若檢視其內容，基本上，多就儒家的政治思想、學術以及儒者的政治觀念和實踐而闡述詮釋之。若就研究的儒家思想家或政治家言，探討的人物包括了荀子、韓愈、王陽明、嚴復、孫中山，以至於徐復觀等，再加上日本宮崎滔天、韓國星湖學派等學者的政治思想而論述之。

研討會之後，我們蒐集整理了10篇論文，依據學術審查的方式，正式送請本校之外的學者專家匿名審查，並且已經通過。以《儒家道統與民主共和》為書名，由臺灣師範大學出版中心以「臺灣師範大學漢學研究叢書」第5號名義出版。

潘朝陽 序於臺灣師範大學東亞文化與漢學研究中心

2016 年 8 月 2 日

目次

1

「一心發用」與「革命建國」

論陽明學對孫中山國家建構思想的影響及其發生意義

郭敬東
安徽師範大學法學院專任講師

一、前言

學界對於孫中山（1866-1925）國家建構思想方面的研究，興起於19世紀二〇年代。1925年3月12日，中山先生逝世。同年5月，戴季陶（1891-1949）即於《孫文主義之哲學的基礎》一書中對孫氏的三民主義、五權憲法等政治思想在儒學「道統」話語下予以系統的詮釋，認為孫中山的建國理論主要是在繼承傳統儒家「仁義道德」思想的基礎上，吸收與借鑒西方文化融會創新而成。[1]這一論斷基本上奠定了1949年以前中國學界對於孫氏國家建構思想的研究基調。如蕭公權（1897-1981）先生言：「中國政治思想之轉變，至辛亥革命已達最後之地步。孫中山先生之思想系統，亦在此時代中發展完成，而成為革命與建國之理論基礎。中山先生思想異乎尋常之處雖多，而其最重要之特點，似在其融通中西，調和新舊，以集成為創造之偉大能力。」[2]1949年以後，由於歷史原因，學界對於孫中山國家建構思想方面的研究在空間上形成了大陸與臺灣兩個研究主體。

就臺灣方面的研究狀況而言，1949年以後，蔣介石（1887-1975）一方面為消除臺灣在日本統治時代所受的意識形態方面的影響；另一方面為應對大陸「文革」所產生否定傳統文化的傾向，開始將三民主義作為官學納入學校教學體系。受此影響，臺灣學界對於中山先生國家建構思想方面特別是儒學與其建國理論之間關係的研究，在數量和深度方面較1949年以

1 如戴氏言：「能作的部分，是先生關於道德的主張；所作的部分，是先生政治的主張。能作的部分，是繼承古代中國正統的倫理思想；所作的部分，是由現代世界的經濟組織、國家組織、國際關係種種制度上著眼，創制出的新理論。」參見戴季陶：《孫文主義之哲學的基礎》（上海：民智書局，1925年），頁33-34。

2 蕭公權：《中國政治思想史》（北京：中國人民大學出版社，2014年），頁599。

前的學界都有了長足地發展。但是在20世紀八〇年代末期，臺灣推行民主化進程以後，西方自由主義思潮開始在思想領域流行，作為意識形態的三民主義在知識份子心中逐漸失去原有的影響力。受此影響，學界對於孫中山思想包括其國家建構思想方面的研究處於低潮，特別是研究孫中山思想的重鎮臺灣中央研究院三民主義研究所改組為中山人文社科研究所後，學界對於孫中山國家建構思想方面的研究，無論是在研究隊伍上還是在研究成果上，都發生了大幅度的遞減。

就大陸方面的研究狀況而言，以1978年為界，此前學界由於將儒家思想定義為「封建主義思想學說」，故而對儒學在孫中山國家建構思想中的地位與影響方面的研究被視為敏感議題，乏人涉及。20世紀八〇年代以後，「孫學」成為「顯學」，日益受到學界的重視。特別是九〇年代末期，隨著大陸「國學熱」的興起，在研究上，涉及儒學與孫氏國家建構理論之間關係的相關成果迭出不窮。如代表性著作有林家有的《孫中山國家建設思想研究》，桑兵的《孫中山的活動與思想》，李默海的《探尋憲政之路：孫中山憲政思想及實踐問題研究》，黃明同等的《孫中山的儒學情節：中華文化的承傳與超載》，馬忠的《變革時代的思想重建：孫中山國民心理變革論研究》，李本義的《孫中山祖國統一思想及其偉大實踐》等。但從研究的內容來看，多數研究者在研究儒學對孫中山建國理論的影響方面，雖然都論及孫中山在建構國家理論時所受到的儒家思想的影響，但是儒學本身是一個具有「複調」性的學術系統，儒家內部不同學派之間各自有不同的學術話語與思考進路。[3]相關研究者並沒有從儒學內部

---

3 任劍濤先生言：「歷朝歷代的儒家思想家，都是因應於它們各自時代，既承接孔子的基本原則，又努力適應時代需要，因此獨立性地承擔並開創屬於他們那個時代得儒學的思想主體。」參見任劍濤：《複調儒學：從古典解釋到現代性探究》（臺北：國立臺灣大學出版中心，2013年），頁3。

的不同學派角度入手而展開關於儒學與孫中山國家建構思想之間關係的細緻探討。正如李錦全先生所言：

> 孫中山曾自述說：「余之謀中國革命，其所持主義，有因襲吾國固有之思想者，有規撫歐洲之學說事蹟者，有吾所獨見而創獲者。」話雖說得明白，但孫中山構建的三民主義理論體系，其「因襲」中國「固有」的文化思想是哪一家，又是怎樣把西方先進思想融入本土文化之中，在此過程中如何進行文化的創新？這還是一個複雜而不容易說清楚的問題。[4]

故此，本文首先從歷史角度出發，在分析清末知識份子因受到政治危機的影響而形成了「幕末」體認這一社會心理的基礎上，彰顯陽明學在清末以及民初思想界興起的原因及狀況，並從國家哲學的本土話語建構、憲政規劃的認知思維方式以及政治實踐中的知行關係三個層面研究陽明學對孫中山國家建構思想的影響及其發生意義。

二、清末士人的「幕末」體認與陽明學思潮的興起

在甲午中日戰爭爆發之前，清廷因受到鴉片戰爭以及太平天國運動的影響，為解決政治危機，開始推行洋務運動。在中央層面設立總理衙門以及駐外公使制度，以辦理與外國的交涉事務。而在地方層面則引入西方器械技藝，興辦軍事工業。這一舉措在一定程度上延緩了清廷政治衰敗的進程，出現了士大夫所謂的「中興」氣象。如1870年同治皇帝於大高殿祈雨之後，李興銳（1827-1904）即於日記中謂：「九重軫念民艱，入春以

4　黃明同等：《孫中山的儒學情節》（北京：社會科學文獻出版社，2010年），頁1。

來，設壇多次，敬天仁民，精誠上格，中興盛德，於此驗之。」[5]特別是在中法戰爭中，中國取得了一定程度的軍事勝利，使得晚清士人腦海中的「中興」印象更為強烈，這在甲午中日戰爭爆發前夕的清議輿論中有著明顯的體現。當時的士大夫認為，經過三十年的洋務運動，中國雖然在國力上與西方列強相比存在一定的差距，但與日本相較則遠勝一籌。如張佩綸（1848-1903）對日本國力的認識在晚清士人中就比較有代表性，他在上書中言：

> 日本自改法以來，民惡其上，始則欲復封建，繼則欲改民政。薩、長二黨爭權相傾，國債山積，以紙為幣。雖兵制步伍泰西，略得形似，然外無戰將，內無謀臣。問其師船則以扶桑一艦為冠，固已鐵蝕木窳，不耐風濤，餘皆小炮小舟而已，去中國鐵船定遠、超勇、揚威遠甚。問其兵數，則陸軍四五萬人，水軍三四千人，猶且官多缺員，兵多缺額。近始雜募遊惰，用充行伍，未經戰陣，大半恇怯，又去中國淮湘各軍遠甚。[6]

而清廷在中日戰爭戰敗並簽訂《馬關條約》以後，晚清士人思維中的「中興」印象開始消褪。他們開始對日本的明治維新重新進行認識，並將其和洋務運動進行了比照，認為作為「大國」的中國在戰爭中之所以會敗於作為「蕞爾小國」的日本，其原因主要是因為日本以「西方」為鑒進行了全方位的政治革新，而中國則因循守舊，囿有成法。如胡燏棻（1840-1906）在《上變法自強條陳疏》中言：

5　〔清〕李興銳著，廖一種、羅真容整理：《李興銳日記》（北京：中華書局，2015年），頁25。

6　關於甲午中日戰爭前夕，晚清士人對日本國力的認識，參見蔣廷黻：《中國近代史》（上海：上海古籍出版社，1999年），頁62。

> 日本一彈丸島國耳，自明治維新以來，力行西法，亦僅僅三十餘年。而其工作之巧，出產之多，礦政、郵政、商政之興旺，國家歲入租賦共約八千餘萬元。此以西法致富之明效也。其徵兵憲兵，預備後備之軍，總計不過十數萬人，快船雷艇，總計不過二十餘號，而水路各軍，皆能同心齊力，曉暢戎機。此又以西法致強之明效也。反鏡以觀，得失利鈍之故，亦覽可知矣。[7]

由此，一部分士人開始主張以日本明治維新的經驗作為參照而進行變法改革。[8]而與此前的社會輿論相比，這一時期見之於當時報刊的變法倡議中經常會出現「幕末」這一詞彙。如梁啟超（1873-1929）在《戊戌政變記》中言及中國變法之急迫性時謂：「幕末藩士，何一非急激之徒，松陰南洲，尤急激之巨魁也，試問非有此急激者，而日本能維新乎？當積弊疲玩之既久，不有雷霆萬鈞霹靂手段，何能喚起而振救之。日本且然，況今日我中國之積弊更深於日本幕末之際。」[9]換言之，與甲午中日戰爭爆發之前樂觀的國家體認心態相比，戰後的晚清士人在對當時中國的變法進程進行歷史發展階段上的定位時，因以日本自幕末以來的改革歷程作為參照，往往自覺或不自覺的將當時中國所處的境遇體認為日本維新前的「幕末」時期。受此影響，日本的明治維新開始作為一種「社會記憶」在清末思想界擴展開來。這種「社會記憶」的內容主要有：日本在開國之前，政治衰敗，外有西方列強的侵入危機，內有藩士之間的權力鬥爭。天

---

7 鄭振鐸：《晚清文選》（北京：中國人民大學，2012年），頁409-410。

8 如康有為在《應詔統籌全局疏》中言：「天道後起者勝於先起也，人道後人逸於前人也。泰西之變法至遲也，故自倍根至今，五百年而治藝乃成。日本之步武泰西至速也，故自維新至今，三十年而治藝已成。大地之中，變法而驟強者，惟俄與日也。俄遠而治效不著，文字不同也。吾今取之至近之日本，察其變法之條理先後，則吾之治效，可三年而成。」參見同前注，頁433。

9 梁啟超：《戊戌政變記》（上海：上海古籍出版社，2014年），頁81。

皇無權，政事取決於德川幕府。而信奉陽明學的維新人士諸如吉田松陰（1830-1859）、西鄉南洲（隆盛，1826-1877）等深受時局之刺激，在「尊王攘夷」的旗幟下展開了革新行動，進而促成了明治維新的成功。這種「社會記憶」使得清末知識份子自覺或不自覺的對陽明學產生了關注與重視，並將陽明學視為日本明治維新的原動力，開始推崇陽明學事功的一面。[10]日本的陽明學者諸如中江藤樹（1608-1648）、熊澤蕃山（1619-1691）、大鹽中齋（1793-1837）、吉田松陰（1830-1859）、西鄉南洲（隆盛，1826-1877）等名字開始出現在當時的報刊中。特別是月照（1813-1858）與西鄉隆盛的故事在清末廣為流傳。受此影響，陽明學開始擺脫「亡明」[11]之學的符碼，在清末思想界復蘇並得到傳播。如梁啟超就大力稱讚陽明學在日本所取得的事功，提倡復興中國的陽明學。在《德育鑒》中，梁啟超言：

> 而其維新以前所公認為造時事之豪傑，若中江藤樹，若熊澤蕃山，若大鹽後素，若吉田松陰，若西鄉南洲，皆以王學式後輩，至今彼軍人社會中，猶以王學為一種之信仰。夫日本軍人之價值，既已為世界所共推矣，而豈知其一點之精神教育，時我子

---

10 在接受陽明學的同時，當時的知識份子普遍從事功的角度展開立論，對朱子學與漢學持漠視甚至批判的態度等。如鄒容在《革命軍》中稱：「漢學者流，尋章摘句，箋注訓詁，為《六經》之奴婢，而不敢出其範圍。宋學者流，日守其五子、《近思錄》等書，高談其太極、無極、性功之理，以求身死名立，於東西廡上一噉冷豬頭。詞章者流，立其桐城、陽湖之門戶流派，大唱其姹紫嫣紅之濫調排腔。名士者流，用其一團和氣，二等才情，三斤酒量，四季衣服，五聲音律，六品官階，七言詩句，八面張羅，九流通透，十分應酬之大本領，鑽營奔競，無所不至。」參見鄒容著，張梅編注：《鄒容集》（北京：人民文學出版社，2011年），頁18。

11 自明末清初至於清末，學界普遍持有王學亡明的觀點。如王夫之言：「王氏之學，一傳而為王畿，再傳而為李贄。無忌憚之教立，而廉恥喪，盜賊興。皆惟殆於明倫察物而求逸獲，故君父可以不恤，名義可以不顧，陸子靜出而亡宋，其流禍一也。」參見〔清〕王夫之：《張子正蒙注》，卷9（北京：中華書局，1975年），頁332。

王子賜之矣。我輩今日求精神教育，舍此更有何物？[12]

事實上，就當時中國思想界接受陽明學的內容與程度而言，多數知識份子看重的主要是陽明學對於促成日本明治維新成功的一面，吸收其「知行合一」的行動精神，以此作為推動近代中國政治變革的內在精神動力。至於陽明學本身所包含的「心」、「理」之辨，則罕有知識份子進行深入性地研究。[13]如宋教仁（1882-1913）在日本期間，經常翻看王陽明（1472-1529）的著作，在日記中謂：「觀《王陽明集・敘錄》，言先生當危疑震撼之交，皆處之泰然，不動聲色，人所難能者也。」[14]並認為「陽明先生之說，正吾人當服膺之不暇者矣。」[15]側重於從事功的一面汲取王陽明的思想。正如張崑將先生所言：「中國清末民初的知識份子，已經注意到日本陽明學的行動革命性，他們也都視松陰、隆盛為陽明學者，這當然是受井上說法的影響。因此陽明學思想在晚清時代活躍，與日本幕末志士成功地催生明治維新政府不無關係。」[16]

在這種歷史氛圍的浸染中，孫中山先生自然受到影響，[17]將陽明學視

12　梁啟超：〈知本第三〉，《德育鑑》（北京：中華書局，2011年），頁74-75。

13　當時知識份子對陽明學的體認皆具有一種自我主觀性的認識。如宋教仁在閱讀王陽明四句教後改為「無善無惡是物，有善有惡是知，審善辨惡是格，為善去惡是致。複思索良久，覺甚切當。並擬後日當闡發其理，以伸陽明之旨。」參見宋教仁著，劉泱泱整理：《宋教仁日記》（北京：中華書局，2014年），頁161。

14　同前注，頁126。

15　同前注，頁130。

16　張崑將：《德川日本「忠」「孝」概念的形成與發展——以兵學與陽明學為中心》（臺北：國立臺灣大學出版中心，2004年），頁286。

17　如1905年8月13日，在東京中國留學生歡迎大會的演說中，孫中山言：「昔日本維新之初，亦不過數志士為之原動力耳，僅三十餘年，而躋於六大強國之一。以吾儕今日為之，獨不事半功倍乎？」參見孫中山：〈在東京中國留學生歡迎大會的演說〉，收入中國社科院近代史所等編：《孫中山選集》，上冊（北京：人民出版社，2011年），頁77。

為推動革命的精神力量。在《建國方略》中，孫氏曾言：

> 蓋「行之惟艱」一說，吾心亦信而無疑，以為古人不我欺也。繼思有以打破此難關，以達吾建設之目的，於是以陽明「知行合一」之說，以勵同人。惟久而久之，終覺奮勉之氣，不勝畏難之心，舉國趨勢皆如是也。予乃廢然而返，專從事於「知易行難」一問題，以研求其究竟。幾費年月，始恍然悟於古人之所傳、今人之所信者，實似是而非也。乃為之豁然有得，欣然而喜，知中國事向來之不振者，非坐於不能行也，實坐於不能知也；及其既知之而又不行者，則誤於以知為易、以行為難也。[18]

在此段敍述中，我們可以發現在陽明學與孫中山國家建構思想之間的關係方面存在著兩個值得注意的問題，一是孫中山之所以接受陽明學主要是為了推動革命建國的需要，即「達吾建設之目的」。二是在孫中山後期，開始對陽明學的內容進行了脈絡性轉化，將陽明學的「知行合一」之說轉化為「行易知難」之說。由這兩個方面可以看出，孫中山對陽明學的接受、理解、體認具有很強的實踐性目的。在建構其國家理論的過程中，孫氏對陽明學的吸收與採納並非是為了發展陽明學理論本身，而是採用其中的觀點即近似於心學傳統中的「六經注我」的方式為自己的建國方略提供一種哲學基礎。

三、陽明學對孫中山國家建構思想的影響

就其理論特質而言，中山先生的國家建構思想受到了陽明學的深刻影

18　孫中山：《建國方略》，收入中國社科院近代史所等編：《孫中山選集》，上冊，頁123。

響：第一，王陽明所主張的「萬物為一體」、「天下為一身」的思想為孫中山的國家哲學提供了本土理論話語。第二，王陽明所闡述的具有實踐性特徵的兼「體」、「用」兩維之「心」的理論促使中山先生在思考政治問題時從現實立場出發，就政治本身而非抽象的「理世界」的角度來思考政治發展問題，並由此展開了對憲政方案的具體規劃。第三，王陽明所闡述的「知行合一」的思想影響了孫中山對「知」與「行」關係的思考，促使其結合時代特點將之發展為「行易知難」學說，並在此指導下就現代國家的建構進程進行了軍政、訓政、憲政三個階段的設計。以下詳述之。

（一）國家哲學的本土話語建構層面

在古代中國，「國家」一詞大致有三種含義：第一種含義是指君主之「國」與大夫之「家」，即「國」與「家」。如孟子在對齊宣王闡釋王道時稱：「至於治國家，則曰：『姑舍女所學而從我』，則何以異於教玉人雕琢玉哉？」[19]此處孟子所稱的「國家」，主要是將諸侯之「國」與大夫之「家」合而稱之，以指代諸侯所控制的行政區域。第二種含義是指國之家，古人常借此代稱君主本身。如《後漢書》中耿弇稱：「子輿弊賊，卒為降虜耳。我至長安，與國家陳漁陽、上穀兵馬之用」，[20]即以國家指代漢光武帝。《三國志》臧霸稱：「國家未肯聽霸耳」，[21]即以國家指代魏文帝曹丕。第三種含義是指有國者之家，古人常用此以指代統治集團。如《舊唐書》中虢國夫人稱：「國家乎？賊乎？」即以國家指代作為統治集

19　〔宋〕朱熹：《四書章句集注》（北京：中華書局，2011年），頁206。

20　〔南朝宋〕范曄著，〔唐〕李賢等注：〈耿弇列傳第九〉，《後漢書》，第3冊（北京：中華書局，1965年），頁704。

21　〔晉〕陳壽著，〔南朝宋〕裴松之注：〈二李臧文呂許典二龐閻傳第十八〉，《三國志》，卷18（北京：中華書局，2006年），頁323。

團的唐室。事實上，這三種含義在古代中國思想中往往具有一種重疊性，古人在使用「國家」這一詞彙時，往往同時兼有這三種含義中的兩種或者全部。[22]但是這三種含義都有一個共同的指向特徵，即在一定程度上都把君主與國家混為一體，將以君主為首的朝廷與國家等同為一，視「忠君」為「愛國」。

這種國家觀念從先秦開始一直持續到晚清，雖然在明末清初受到顧炎武（1613-1682）、黃宗羲（1610-1695）、王夫之（1619-1692）等儒者的批判，但基本上在中國人的思維中始終居於主流地位。甲午中日戰爭之後，維新人士如梁啟超等因感受到「亡國」的危機感，開始宣揚「國家」觀念，提倡以西方為樣式的民族國家建構路徑。在《論國家思想》一文中，梁氏言：「國家思想者何？一曰：對於一身而知有國家，二曰：對於朝廷而知有國家，三曰：對於外族而知有國家，四曰：對於世界而知有國家。」[23]這一論斷基本上勾勒出了近代國家的核心要素即主權、民族、政府、領土等。通過梁氏在輿論界的鼓吹與提倡，這種國家觀念在清末思想界開始流行開來。但就中國當時的國家形態而言，以民族國家為樣式的國家建構路徑面臨著兩個方面的問題：一是如何界定「本族」與「外族」之間的界限，這涉及到中國的國族識別問題；二是如何將傳統的君主政體轉化為近代意義上的憲制政體，這涉及到中國的政體選擇問題。這兩個問題實際上涉及到了近代國家建構初始階段中最為重要的兩個方面，即國家認同與國家存在的合法性。[24]

---

22 參見甘懷真：《皇權、禮儀與經典詮釋：中國古代政治史研究》（上海：華東師範大學出版社，2008年），頁158。

23 鄭振鐸：《晚清文選》，頁461。

24 參見楊光斌：《政治學的基礎理論與重大問題》（北京：中國人民大學出版社，2011年），頁167-170。

就第一個問題而言，中國以外的民族屬於「外族」，在這一點上，晚清知識份子基本上沒有異議。但是在對國內滿族等少數民族的民族定位問題上，晚清思想界出現過不同的聲音。之所以會出現這種分歧，主要是因為中國在歷史上一直是以一種古典帝國形態作為國家統治的樣式，內部包含不同的民族。歷代統治者往往奉行「天下一家」的治理理念，將各個民族視為一體。雖然在歷史發展中存在過民族之間的對抗甚至戰爭，但從歷史發展的主流來看，在中國，大一統的國家建立後，「中外一家」的觀念始終居於主流。如龔自珍（1792-1841）在遊居庸關時遇到蒙古人，即私歎曰：

> 蒙古自北來，鞭橐駝，與余摩臂行，時時橐駝沖餘騎顛。余亦撻蒙古帽，墮於橐駝前。蒙古大笑。余乃私歎曰：若蒙古，古者建置居庸關之所以然，非以若耶？余江左士也。使余生趙宋世，目尚不得睹燕趙，安得與反毳者相撻戲乎萬山間？生我聖清中外一家之世，豈不傲古人哉！[25]

但這種「天下一家」的觀念在近代中國由古典帝國形態轉變為現代國家形態的過程中受到了廣泛的質疑與批判。一部分知識份子從反清排滿的立場出發，主張建立以漢族為主體的民族國家。如章太炎（1869-1936）謂：「滿洲弗逐，欲士之愛國，民之敵鎎，不可得也。」[26]這種觀念的傳播在辛亥革命期間達到高潮，如革命軍在傳檄清朝漢人軍隊時謂：「我國民勿謂為滿洲盡力，乃所以報國也。中國亡於滿洲，已二百六十餘年，我國民而有愛國心者，必當撲滅滿清，以恢復祖國，倘反為滿清盡力，是甘

---

25 鄭振鐸：《晚清文選》，頁43。

26 章太炎：〈客帝匡謬〉，《訄書：初刻本、重訂本》（上海：中西書局，2012年），頁107。

為仇讎，而與祖國為敵也。」[27]這種以西方民族國家樣式為參照的國家建構觀念雖然在革命初期起到了一定程度地政治動員作用，但是其弊端亦顯而易見，即在如何處理由漢、滿、蒙等各個民族共同組成的作為整體中國的國家建構問題上，如果過度的以西方近代國家觀念的話語作為中國國家建構的理論資源，則不可避免的會發生民族衝突與國家分裂。

就第二個問題而言，晚清輿論界曾有過君主立憲與民主共和話語之爭。[28]以康有為（1858-1927）為首的君主立憲派認為，實行君主立憲制，一是可以避免中國出現如同法國大革命一樣的激進革命所造成的流血衝突。二是因為中國民智未開，必須走漸進主義改革路線，避免黨爭，實行君主立憲制。三是符合中國傳統的政治文化，社會易於接受。[29]而持民主共和主張的革命派一方面認為，自中英鴉片戰爭以至八國聯軍侵華以來，清廷每次都以割地、賠款、出賣主權作為列強承認其在華統治的條件，已經失去作為主權國家應有的統治能力，不具備主導中國政治現代化的資格。故君主立憲制在中國不具備實行的可能性。另一方面，革命派認為，受20世紀民主政治發展潮流的影響，民主共和的觀念開始深入人心，大部分知識份子皆醉心於盧梭（1712-1778）的天賦人權、自由平等的學說，故君主立憲制在中國不具備實行的現實性。胡漢民（1879-1936）的言論在當時頗能體現這種政治觀點的內在精神。在《民報之六大主義》一文中，胡氏言：「中國前此屢起革命，而卒無大良果，則以政體

---

27 楊玉如：《辛亥革命先著記》（北京：知識產權出版社，2013年），頁91。

28 關於雙方筆戰的報名、地點、年代與當事人，詳見馮自由：《中華民國開國前革命史》（桂林：廣西師範大學出版社，2011年），頁32-33。

29 蕭公權先生言：「康氏擁護君憲之言論，牽強紛紊，若無條理。究其大意，似不外立憲可以避免專制，虛君可以避免政爭之兩端。此不徒驗諸西洋往事而皆然。中國具有特殊之歷史背景，尤宜於施行此『奇妙之暗共和法』。」參見蕭公權：《中國政治思想史》，頁444。

之不能改造，故有明之勝元，不滿三百年，而漢族複衰。異族之政府去矣，其代之者雖為同種人，而專制如舊，則必非國民心理之所欲也。」[30]君主立憲與民主共和的話語之爭，以革命派獲得最終勝利而結束，甚至一部分持君憲救國思想的康有為（1858-1927）的弟子也受到民主共和話語的浸染而大倡革命建國之說。[31]但是革命派在宣傳民主共和政體時，含有一種將「排滿」與「建國」兩者聯繫在一起的傾向。這種傾向內在地存在著一種邏輯，即將君主政體與民主政體之間的對立化約為滿族與漢族之間的對立。如鄒容（1885-1905）在《革命軍》一書中言：

> 吾今與同胞約曰：張九世復仇之義，作十年血戰之期，磨吾刃，建吾旗，各出其九死一生之魄力，以驅除淩辱我之賊滿人，壓制我之賊滿人，屠殺我之賊滿人，姦淫我之賊滿人，以恢復我聲明文物之祖國，以收回我天賦之權利，以挽回我有生以來之自由，以購取人人平等之幸福。[32]

這種建立在「排滿」基礎上的以民主政體作為國家建構路徑的言論，雖然在一定程度上以強勢性的話語表達推動了社會成員思維中現代民主國家觀念的形成，但在如何避免發生民族分裂的基礎上奠定全體國民而非單一漢族對民主國家的認同方面，則明顯存在著話語解釋層面的缺陷。

孫中山對上述兩個方面的問題亦有著明確的認識，為解決由此而帶來的弊端，孫中山以陽明學中「萬物一體」之說作為話語資源，建構出一套

30 胡漢民：《胡漢民自述》（北京：人民日報出版社，2013年），頁193。

31 馮自由言：「康有為門下如梁啟超、韓文舉、張智若、歐榘甲、梁子剛、羅伯雅等，亦為思潮感化，時在橫濱《清議報》吐露其反對異族之意見，致遭其師函電切責。」參見馮自由：《中華民國開國前革命史》，頁34。

32 鄒容著，張梅編注：《鄒容集》，頁30。

具有本土話語特色的國家哲學。以解決因國家認同危機以及國家合法性危機所可能導致的國家分裂問題。1912年元旦，在《中華民國臨時大總統宣言書》中，孫中山即謂：

> 國家之本，在於人民。合漢、滿、蒙、回、藏諸地為一國，即合漢、滿、蒙、回藏諸族為一人。——是曰民族之統一。武漢首義，十數行省先後獨立。所謂獨立，對於清廷為脫離，對於各省為聯合。蒙古、西藏，意亦同此。行動既一，決無歧趨，樞機成於中央，斯經緯周于四至。——是曰領土之統一。[33]

在孫氏的這段論述中，明顯可以看到其國家觀受到王陽明「萬物一體」之說的影響。在答《顧東橋書》中，陽明曾言：「聖人之心，以天地萬物為一體，其視天下之人，無外內遠近、凡有血氣，皆其昆弟赤子之親。」[34]強調天下為一家，而國家為一身。而中山亦在「一」的基礎上強調「合漢、滿、蒙、回、藏諸地為一國，即合漢、滿、蒙、回藏諸族為一人。」孫氏在國家觀上之所以以王陽明所倡導之「萬物一體」作為話語資源，主要是因為陽明在闡述這一理論時，主要是從一種氣化身體觀的角度展開立論，其內在含有一種開放的主體性，故孫中山借鑒這一話語而應用到其國家觀的建構與表達之中。其目的一是在於民族層面，冀希整合漢、滿、蒙、回、藏為一中華民族，以消解在現代國家建構中因民族識別問題所導致的民族分裂。二是在國家層面，建構一種與共和政體相容的具有一種開放主體性的國家觀念，以解決因國家合法性問題所導致的國家分

33　孫中山：〈中華民國臨時大總統宣言書〉，收入中國社科院近代史所等編：《孫中山選集》，上冊，頁95。

34　〔明〕王守仁著，吳光等編校：《王陽明全集》，上冊（上海：上海古籍出版社，2012年），頁47。

裂問題。這種思想在1922年1月4日，孫中山於廣東旅桂同鄉會歡迎會的演說中得到更為清晰的展現。孫氏言：

> 法、美共和國皆舊式的，今日惟俄國為新式的。吾人今日當造成一最新式的共和國。新式者何？即化國為家是也。人人當去其自私自利之心，同心協力，共同締造。國家者載民之舟也，舟行大海中，猝遇風濤，當同心互助，以謀共濟。故吾人今日由舊國家變為新國家，當剷鋤舊思想，發達新思想。新思想者何？即公共心。[35]

由上述分析可知，如何在避免中國民族分裂的基礎上建構一個超越單一民族國家的共和政體樣式成為辛亥革命以後一個亟需解決的問題。對此，孫中山借鑒陽明學中的「萬物一體」之說對此問題進行了時代性的解決，從而避免了近代中國在由古代帝國形態向現代國家形態轉變時所產生的因國家認同危機與國家合法性危機所導致的國家分裂。

（二）憲政規劃的認知思維層面

陽明學的一個明顯話語特色就是對「心」這一概念的關注與強調，倡導「心即理」之說。在陽明與弟子的各類談話中，對「心」的探討與闡釋一直是其核心話題。如在回答弟子徐愛（1487-1518）關於「至善只求諸心，恐於天下事理有不能盡」之問時，王陽明即答以「心即理也。天下又有心外之事，心外之理乎？」[36]事實上，就整個宋明理學的發展與流變而

35　孫中山：〈在廣東旅桂同鄉會歡迎會的演說〉，收入中國社科院近代史所編：《孫中山選集》，下冊（北京：人民出版社，2011年），頁526。

36　參見〔明〕王守仁著，吳光等編校：《王陽明全集》，上冊，頁2。

言，「心」與「理」之間的關係一直是其基本問題之一，且更是「心學」傳統下的理學家所關注中的第一序問題。[37]就理學的系統性而言，在朱子（1130-1200）之前的理學家雖然對理學中的各種範疇進行過全面探討，但直至朱子之時，理學方顯現出圓融的品質。朱子以「理」為核心概念建構了一個無所不包的理學體系。在朱子的思維世界中，「理」存在於各種「事物」之中，「故凡可能有之物，無論其是天然的或人為的，在形而上之理世界中，本已具有此理。故形而上之理世界，實已極完全之世界也。」[38]如朱子言：「未有天地之先，畢竟也只是理。有理，便有這天地。若無理，便亦無天地、無人、無物，都無該載了。有理，便有氣流行，發育萬物。」[39]又言：「理未嘗離乎氣。然理形而上者，氣形而下者。自形而上下言，豈無先後？」[40]換言之，在朱子看來，未有離「氣」之「理」，但就「形上學」角度而言，則「理」在「氣」先。朱子對「理」的這種甄定直接影響到自南宋以來直至明代中葉儒者對「理」的體認。特別是明代中期之前的儒者，在「此亦一述朱、彼亦一述朱」[41]的研

37 陳來對此言：「在整個宋明理學中，「心」與「理」之間的關係是基本哲學問題之一。它的重要性在於，一個被稱作理學家的學者，可以不討論道器、性命，甚至理氣的問題，但不可能回避心與理的問題。這是因為，對心、理問題的解決是「理學」以「本體—工夫」為基本結構的全部體系的決定基礎，也是新儒家知識份子精神生活的基本進路。就心學傳統而言，心—理關係更是全部體系的核心。可以毫不誇張的說，『心即是理』或者『心外無理』是陽明倫理學的第一原理。」參見陳來：《有無之境：王陽明哲學的精神》（北京：北京大學出版社，2013年），頁18。

38 馮友蘭：《中國哲學史》，下冊 （上海：華東師範大學出版社，2011年），頁198。

39 〔宋〕黃士毅編，徐時儀、楊豔彙校：《朱子語類彙校（壹）》（上海：上海古籍出版社，2014年），頁1-2。

40 同前注，頁3。

41 黃宗羲言：「有明學術，從前習熟先儒之成說，未嘗反身理會，推見至隱，所謂『此亦一述朱，彼亦一述朱』耳。」參見〔清〕黃宗羲著，沈芝盈點校：〈姚江學案〉，《明儒學案》，上冊（北京：中華書局，2008年），卷10，頁178。

究範式影響下，以格物致知、居敬窮理作為修養工夫，視朱子學為安身立命之學。在這種歷史背景下，時人在看待政治問題時皆從「理」的角度出發，在辨別政治秩序的正當性時，是否符合「天理」成為思考的基點。

而明代中葉以後，思想界開始產生對朱子所建構的這種無所不包的「理世界」的批判與逆轉。其流分為兩脈，一為楊慎所導出的古學復興思潮，中經陳耀文、焦竑（1540-1620）等儒者的發揚，至晚明而由顧炎武等儒者承接。其學重考證，求道於六經之中，認為宋儒所謂之性、命、身、心之說不合於先秦舊典所載，且因不通訓詁，誤解孔孟之意，其工夫修養進路更近於「禪」。清代建國以後，此脈學術為乾嘉學者師而承之。二為陳獻章（1428-1500）所倡，王陽明所發之心學進路。[42]就學理而言，此一流脈在明代對朱子學的衝擊最大。王陽明之所以提出「心即理」，實際上是對朱子學所倡導的「性即理」之說的一種逆轉。陽明認為，朱子將「理」判定為一種超驗的存在，強調於事事物物上窮理，求理於外的觀點容易造成「心」與「理」的相隔。[43]在這一點上，陽明有過切身體會，在龍場悟道之前，陽明曾以庭前之竹作為對象，試以格物窮理之法。而後果則是身心俱疲，大病而歸。龍場悟道之後，陽明即強調「理」無需要向外求索，心即理也，且心無二心，「未雜於人謂之道心，雜以人偽謂之人心」。[44]陽明在與弟子徐愛的對話中，對此問題進行了具體的闡釋。王氏言：

---

42 黃宗羲謂：「有明之學，至白沙始入精微。其喫緊工夫，全在涵養。喜怒未發而非空，萬感交集而不動。至陽明而後大。」參見〔清〕黃宗羲著，沈芝盈點校：〈白沙學案上〉，《明儒學案》，上冊，卷5，頁79。

43 黃宗羲對此曾言：「先生之學，始泛濫於詞章，繼而徧讀考亭之書，循序格物，顧物理吾心終判為二，無所得入。」參見〔清〕黃宗羲著，沈芝盈點校：〈姚江學案〉，頁180。

44 〔明〕王守仁著，吳光等編校：《王陽明全集》，上冊，頁6。

> 心一也，未雜於人謂之道心，雜以人偽謂之人心。人心之得其正者即為道心，道心之失其正者即人心，初非有二心也。程子謂：「人心即人欲，道心即天理」，語若分析而意實得之。今曰「道心為主，而人心聽命」者，是二心也。天理、人欲不並立，安有天理為主，人欲又從而聽命者？[45]

從王氏此言中，可以看出，陽明所謂之「心」是作為本體存在之「心」，兼有「道心」與「人心」二別，實則是為一心，即道德層面上的「心」。陽明又謂：「身之主宰便是心，心之所發便是意，意之本體便是知，意之所在便是物。」[46]心之所「知」，同時包括了經驗與行動兩個方面。[47]由此可見這種道德層面上的「心」兼有「體」與「用」兩維。既體現為一種判斷原則，亦體現為一種實踐原則。張崑將先生曾對王陽明的這種道德層面上兼有「體」、「用」兩維之心的特點總結到：

> 心只有一心，而且是一種道德意義的心，由於此「心」具有道德之「體」與「用」兩面，所以「心」也與「經驗」仍是不即不離關係，這就是「功夫不離本體」，「本體原無內外」，它雖超越經驗，作為一切形式之準則，但卻又不離經驗。職是之故，「良知」既是「判斷原則」同時也是「實踐原則」。[48]

王陽明所闡述的這種兼「體」、「用」兩維之「心」的理論具有強烈的實踐性品質。黃宗羲《明儒學案・姚江學案》中對此曾言：「先生之格

---

45 同前注。

46 同前注，頁5。

47 參見秦家懿：《王陽明》（北京：生活・讀書・新知三聯書店，2011年），頁57。

48 張崑將：《德川日本「忠」「孝」概念的形成與發展——以兵學與陽明學為中心》，頁298。

物，謂『致吾心良知之天理於事事物物，則事事物物皆得其理』。以聖人教人只是一個行，如博學、審問、慎思、明辨，皆是行也。」[49]這種實踐性品質坐實到政治實踐中，即會產生一種從現實政治而非抽象的「理世界」的角度來思考政治問題的內在邏輯。換言之，即在認知模式上會發生一種由「理」為中心的角度向以政治本身為中心的角度地「哥白尼轉變」式的思維逆轉。這在王陽明答其弟子徐愛關於「求理」之問時得到了清晰的展現：

> 愛曰：「如事父之孝，事君之忠，交友之信，治民之仁，其間有許多理在，恐亦不可不察。」先生歎曰：「此說之弊久矣，豈一語所能悟？今姑就所問者言之：且如事父，不成去父上求個孝的理？事君，不成去君上求個忠的理？交友治民，不成去友上、民上求個信與仁的理？」[50]

王陽明所闡述的這種具有強烈實踐性品質的心兼「體」、「用」之兩維的理論亦影響到孫中山對「心」的認識。在討論王陽明「知行合一」之說時，孫氏對「心」的功用進行了如下闡釋：「夫國者人之積也，人者心之器也，而國事者一人群心理之現象也。是故政治之隆汙，系乎人心之振靡。吾心信其可行，則移山填海之難，終有成功之日；吾心信其不可行，則反掌折枝之易，亦無收效之期也。心之為用大矣哉！」[51]在這段論述中，可以看出孫氏所言之「心」亦同時包含「經驗」與「行動」兩個方面，當「心」發動為「信其可行」的同時，「行」亦隨之發生，雖有

---

49 〔清〕黃宗羲著，沈芝盈點校：〈姚江學案〉，頁178。

50 〔明〕王守仁著，吳光等編校：《王陽明全集》，上冊，頁2。

51 孫中山：《建國方略》，頁122。

「移山填海之難，終有成功之日。」在此，「心」之所發動同時具有「體」、「用」兩維，「體」的層面為「信」的呈現，表現為「判斷原則」，而「用」的層面即為「行」，表現為一種「實踐原則」。受這種主體性思維的影響。孫中山在規劃設計憲政方案之時，呈現出一種從政治問題本身入手的現實主義思維品質，將西方三權制衡的憲政框架發展為五權制衡的模式即「五權憲法」，並結合中國的國情而創造出「權能分立」的理論。

在五權憲法方面，孫中山認為，西方三權制衡的憲政制度雖然在設計之初就理論層面而言非常完備，但是在實行中慢慢衍生出了種種弊端。孫氏以美國憲政為例，指出在權力行使上，美國的官員雖然有許多是由民選產生，但「選舉亦狠可作弊，而對於被選底人民亦沒有方法可以知道誰是適當。」[52]而在對官員的彈劾問題上，美國的憲政制度也表現出明顯的不足。有鑒於此，孫中山借鑒中國傳統政治制度中的考試與監察制度，將國家權力一分為五，設考試、立法、行政、司法、監察五院，以互相制衡。

在權能分立方面，孫中山認為憲政的實施主要是為了落實民權。為防止民權的落實流於形式，孫氏主張民眾操有選舉、罷官、創制、複決四權，以此四權來規制政府。1921年3月20日，孫中山在廣東省教育會的演講中言：

> 五權憲法如一部大機器，直接民權又是機器的制扣。人民有了直接民權的選舉權，尤必有罷官權，選之在民，罷之亦在民。什麼叫創制權？假如人民要行一種事業，可以公意創制一種法律。又

52　孫中山：〈五權憲法〉，收入中國社科院近代史所編：《孫中山選集》，下冊，頁505。

如立法院任立一法，人民覺得不便，可以公意起而廢之，這個廢法權叫做複決權。又立法院如有好法律通不過的，人民也可以公意贊成通過之，這個通過不叫創制權，仍是複決權。[53]

從這段論述中，可以看出孫中山在憲政制衡上對西方三權制衡制度的創造性轉化。這種轉化實際上含有孫中山在思考憲政建構時的雙重考慮，即在憲政內容的規劃方面既從價值角度對西方憲政制度即憲政本體進行甄定；又從實踐的角度從中國國情出發來設計切實可行的憲政內容。

（三）政治實踐的知行問題層面

「知行合一」之說，為王守仁謫居貴州時所倡，其意本在於矯明人「知而不行」之蔽。[54]就其內涵而言，陽明所言「知行合一」之「知」，為價值判斷層面下的「良知」，「行」為「意」之發動直至行為完成的整個進程，而其所為「合一」則是「乃就發動處講，取『根源意義』；不是就效驗處講，因之不是取『完成意義』」。[55]陽明認為，世人在作價值判斷即意念發動時，如無私欲之干擾，則意志取向自然隨價值判斷而行。而所謂地「知而不行」則是因私欲的阻隔而形成「知」與「行」的二分。因此需要通過「復那本體」[56]的工夫而達到意志取向受良知規制的境界。陽明歿後，浙中王學、江右王學、泰州學派相繼而起，在闡發師說的同

53　同前注，頁516。

54　黃宗羲言：「先生致之於事物，致字即是行字，以救空空窮理，只在知上討個分曉之非。」參見〔清〕黃宗羲著，沈芝盈點校：〈姚江學案〉，頁178。

55　參見勞思光：《新編中國哲學史(三上)》，（北京：生活・讀書・新知三聯書店，2015年），頁325。

56　如陽明在答徐愛所問之「如今人盡有知得父當孝、兄當弟者，卻不能孝、不能弟，便是知與行分明是兩件」時答：「此已被私欲隔斷，不是知行的本體了。未有知而不行者，知而不行，只是未知。聖賢教人知行，正是要復那本體，不是著你只恁的便罷。」參見〔明〕王守仁著，吳光等編校：《王陽明全集》，上冊，頁3。

時，也使得陽明學在傳播上漸失其本，[57]其末流發展為「狂禪」一派。黃宗羲對此曾謂：

> 陽明先生之學，有泰州、龍溪而風行天下，亦因泰州、龍溪而漸失其傳。泰州、龍溪時時不滿其師說，益啟瞿曇之秘而歸之師，蓋躋陽明而為禪矣。然龍溪之後，力量無過於龍溪者，又得江右為之救正，故不至十分決裂。泰州之後，其人多能以赤手搏龍蛇，傳至顏山農、何心隱一派，遂復非名教之所能羈絡矣。[58]

自清初以至清末，陽明學一直被認為是導致「明亡」的思想而被批判，其思想隱而不彰，但是在同一時期的日本，陽明學卻獲得了相當的發展。自中江藤樹在日本提倡陽明學後，陽明學開始在日本思想界流傳開來。其弟子熊澤蕃山與淵岡山分別開創事功與德教兩派。及至幕末，德川幕府統治日益衰敗，深受陽明學影響的西鄉南洲（1826-1877）、吉田松陰（1830-1859）等相繼而起，將陽明學「知行合一」之教進行了脈絡性轉化，彰顯了「知行合一」之「行」的一面，並以此展開並推動了日本的明治維新運動。[59]戴瑞坤曾對日本陽明學的這種側重於「行」的特點總結到：

> 日本陽明學者從敦篤踐履、經世致用發展王陽明之「知行合一」說。對於「知」彼等未流於抽象之理論，而是與具體之社會

---

57 黃宗羲對此曾言：「然『致良知』一語，發自晚年，未及與學者深究其旨，後來門下各以意見攙和，說玄說妙，幾同射覆，非復立言之本意。」參見〔清〕黃宗羲著，沈芝盈點校：〈姚江學案〉，頁178。

58 〔清〕黃宗羲著，沈芝盈點校：〈泰州學案一〉，《明儒學案》，下冊（北京：中華書局，2008年），卷32，頁703。

59 參見朱謙之：《日本的古學及陽明學》（北京：人民出版社，2000年），頁209。

實踐相結合，將「知」運用於實際生活之中。對於「行」，彼等不以「行」為道德踐履之框架，將「行」之內容擴展至社會實踐和政治之實際運用。此具有實踐意義之「知」與「行」之結合，形成一力量，此即是足以推翻長達二百六十年之久之德川幕藩領主之統治，繼而發展日本資本主義之原動力。[60]

在日本明治維新成功以後，陽明學在日本思想界被廣泛認可與接受。[61]

日本思想界這種對陽明學的重視狀況無疑對孫中山造成了深刻的影響。在許多演講中，孫氏都曾盛贊陽明學特別是其「知行合一」思想對於推動日本明治維新成功的重要意義。如1905年8月13日，在日本東京中國留學生歡迎大會上，孫氏言：「日本的舊文明皆由中國輸入。五十年前，維新諸豪傑沉醉與中國哲學大家王陽明知行合一的學說，故皆具有獨立尚武的精神，以成此拯救四千五百萬人於水火中之大功。」[62]在孫中山看來，正是由於日本維新人士奉行王陽明的「知行合一」之說，不尚空談，注重「行」的一面，在確立維新宗旨後即著力實行，故而有維新成功之舉。特別是在1905年10月20日刊印的《民報》發刊詞中，中山謂：「惟夫一群之中，有少數最良之心理能策其群而進之，使最宜之治法適應於吾群，吾群之進步適應於世界，此先知先覺之天職，而吾《民報》所為

---

60 戴瑞坤：《中日韓朱子學陽明學之研究》（臺北：文史哲出版社，2002年），頁354。

61 陽明學在日本明治維新後得到更為廣泛的傳播，直至蔣介石在留日期間，尚發現「不論是在火車上、電車上或在渡輪上，凡是在旅行的時候，總看到許多日本人都在閱讀王陽明《傳習錄》，且有很多人讀了以後，就閉目靜坐，似乎是在聚精會神，思索這個哲學的精義；特別是他海陸軍官，對於陽明哲學，更是手不釋卷的在那裏拳拳服膺。」參見黃克武：〈蔣介石與陽明學：以清末調試傳統為背景之分析〉，《近代中國的思潮與人物》（北京：九州出版社，2013年），頁395。

62 孫中山：〈在東京中國留學生歡迎大會的演說〉，頁278。

作也。抑非常革新之學說，其理想輸灌於人心而化為常識，則其去實行也近。」[63]這段文字中清晰的展現出孫氏在知行問題上的成熟性表達。中山認為，革命建國時代，需由人心入手，以少數具有「良知」之人，將革新思想化為作為常識性的「知」，通過輿論宣傳，傳播於社會之中，則政治革新行為則隨之展開。事實上，從孫中山關於知行問題的一系列論述中可以看出，孫氏之所以對陽明學的「知行合一」之說大力提倡，主要是受到日本陽明學對於促成明治維新取得成功的事例的激勵與鼓舞，這一點和多數中國知識份子在日期間因受到日本國內對陽明學事功的提倡而服膺於陽明學相似。[64]但是值得注意的是，在1917年特別是護法戰爭失敗以後，孫中山在知行關係的表述上出現了明確的變化，開始倡導「行易知難」之說。在《建國方略》中，孫氏言：「予之所以不憚其煩，連篇累牘以求發明『行易知難』之理者，蓋以此為救中國必由之道也。」[65]孫中山之所以在知行問題上出現這種表述上的變化，概括說來主要是由歷史文化傳統與現實政治環境兩方面的原因造成：

第一，就歷史文化傳統而言，日本自中江藤樹開創陽明學傳統後，至幕末時代，其發展並未中斷，其間陽明學者在日本的歷史語境下對陽明學本身進行了脈絡性轉化，發展出一套重視行動的思維話語。在陽明學「知行合一」的實踐精神推行下，[66]日本維新志士如大鹽中齋（1793-

63 孫中山：〈《民報》發刊詞〉，收入中國社科院近代史所編：《孫中山選集》，上冊，頁80。

64 吾人可以聖人之道之旨為前提，而先從心的方面下手焉，則陽明先生之說，正吾人當服膺之不暇者矣。」參見宋教仁著，劉泱泱整理：《宋教仁日記》，頁130。

65 孫中山：《建國方略》，頁166。

66 張崑將先生言：「陽明學在幕末志士中之所以有魅力，主要在於陽明的『知行合一』學說，因『知行合一』是強調理論與實踐能夠同時一致，特著重『事上磨練』的實踐功夫，這對於武士而言甚具有吸引力。」參見張崑將：《德川日本「忠」「孝」概念的形成與發展——以兵學與陽明學為中心》，頁285-287。

1837）、吉田松陰（1830-1859）、西鄉隆盛（1827-1877）等對明治新政權的催生起了重要作用。在明治政權確立以後，陽明學所倡導的「知行合一」之說因在政治實踐層面所取得的功效更為日本知識份子所欣賞與奉行。孫中山對此曾言：「日本維新之業，全得陽明學說之功，而東邦人士咸信為然，故推尊陽明極為隆重。」[67]

而陽明學在中國的發展與日本相比可謂是一波三折，自明末清初顧炎武等儒者批判王學，提倡「經學即理學」之後，自清初至於晚清，陽明學一直被視為「亡明」之學。在康有為、梁啟超等維新人士重視與發掘陽明學的實踐精神之前，思想界並沒有研究陽明學的傳統，其學說的實踐一面隱而不彰。與日本思想界相異，晚清知識份子一般將陽明學視為心性修養之學，側重其對人格陶冶的一面。受此影響，陽明「知行合一」之說亦被當時知識份子視為磨練心性的一種方法。隨著康有為、梁啟超等維新人士大倡陽明學的實踐品質以後，思想界對於陽明學的認識才發生改變，開始注重其事功的一面。值得注意的是，清末知識份子在討論陽明「知行合一」之說時，一般將「知」理解為「認知」，並視「知」在「行」先。如梁啟超在解釋陽明「知行合一」之說時舉例言到：

> 試以當今通行語解之，今與人言愛國也，言合群也，彼則曰吾既已知之矣；非惟知之，而且彼亦與人言之，若不勝其激昂慷慨也。而激昂慷慨之外，則無餘事矣，一若以為吾有此一知而吾之責任皆已盡矣。是何異曰：識得孝字之點畫，則已為孝子；識的忠字之點畫，則已為忠臣也。就陽明先生觀之，則亦其人未嘗有知而已。[68]

67　孫中山：《建國方略》，頁165。

68　梁啟超：〈知本第三〉，頁68。

章太炎亦言陽明「知行合一」之說，「本諸程頤，而紊者也，徒宋銒所謂『語心之容，命之曰心之行』者也。」[69]又言「王氏則竟以知行為一物矣，卒之二者各有兆域，但云不知者必不能行，可也；云知行合流同起，不可也。雖直覺之知，本能之行，亦必知在行先。」[70]章氏此論，實質上是將陽明所謂道德本體之「知」視為「知覺」之「知」，故言「知在行先」。清末思想界對陽明「知行合一」之說中「知」、「行」關係的這種討論與認識必然會影響到孫中山等革命派人士。從孫中山後期在《建國方略》中對於「知」、「行」關係的探討，對「行易知難」說的提倡，明顯可以看出受到了清末以來的這種視「知」在「行」先認知傳統的影響。[71]

第二，就現實政治環境而言，孫中山認為，王陽明所倡之「知行合一」之說，就其對革命與建國進程所產生的實際功效而言，往往使人產生「知易行難」的認識。在這一問題上，孫有過切身感受，辛亥革命之後，革命黨人認為共和政體已立，民族、民權、民生主義均已實現，遂失去起初進取之心而沉溺於政黨競選活動中。實則當時革命成果除推翻帝制外，孫氏所倡之三民主義無一實現。[72]及袁世凱帝制自為，革命黨人內部意見紛爭，不能統一。及討袁失敗後，多數人員皆喪失信心而作消沉

69　章太炎：〈王學第十〉，《訄書：初刻本、重訂本》，頁126。

70　同前注，頁126。

71　孫中山後期所提倡的「知難行易」之「知」與王陽明所提出的「知行合一」之「知」在本體上有所不同。陽明所言「知行合一」之「知」為道德本體上的「知」，而孫中山所言「知難行易」之「知」更多的體現為科學知識意義上的「知」。參見張崑將：〈近代中日陽明學的發展及其形象比較〉，《臺灣東亞文明研究學刊》第2期（2008年12月），頁57。

72　孫氏曾對此言：「乃於民國建元之初，予則極力主張施行革命方略，以達革命建設之目的，實行三民主義，而吾黨之士多期期以為不可。經予曉喻再三，辯論再四，卒無成效，莫不以為予之理想太高，『知之非艱，行之惟艱』也。嗚呼！是豈予之理想太高哉？毋乃當時黨人之知識太低耶？」參見孫中山：《建國方略》，頁174。

狀。[73]對此，孫中山從「知」、「行」角度展開思考，認為自辛亥革命以來的一系列革命建國失敗的原因主要是出在「知」的方面。具體來說，一是在認知上對三民主義沒有真正認識，故其無法在政治實踐中展開具體地行動。二是在實踐上以「行」為難，以「知」為易，故「知而不行」。在《建國方略》中，孫氏對此問題言到：

> 夫中國近代之極弱不振、奄奄待斃者，實為「知之非艱，行之惟艱」一說誤之也。此說深中於學者之心理，由學者而傳於群眾，則以難為易，以易為難。遂使暮氣畏難之中國，畏其所不當畏，而不畏其所當畏。由是易者則避而遠之，而難者又趨而近之。始則欲求知而後行，及其知之不可得也，則惟有望洋興嘆，而放去一切而已。間有不屈不撓之士，費盡生平之力以求得一知者，而又以行之為尤難，則雖知之而仍不敢行之。[74]

在這段論述中，孫氏對當時思想界在知行問題上出現的兩種現象進行了剖析：一種是顛倒了「知」、「行」之間的難易關係，故在求「知」的階段知道「知之不可得」後不能「行」；二是認為「知」難「行」猶難，在「求得一知」後，因畏懼而不敢「行」。在孫中山看來，這兩種現象都沒有正確理解「知」與「行」的關係，民國初建以來民主革命的失敗皆與此有很大的關係。有鑒於此，孫氏在二次革命失敗以後，開始就此問題展開縝密的思考，並在改進王陽明「知行合一」之說的基礎上，正式提

---

73 在1915年3月，孫中山致書黃興，其中有「中國當此外患侵逼、內政紊亂之秋，正我輩奮戈飲彈、碎肉喋血之時，公革命之健者，正宜同心一致，乘機以起。若公以徘徊為知機，以觀望為識時，以緩進為穩健，以萬全為商榷，則文雖至愚，不知其可。臨紙神馳，祈公即日言旋，慎勿以文為孟浪而菲薄之。」由此可見當時革命黨人意志普遍消沉之狀態。參見孫中山：〈致黃興書〉，收入中國社科院近代史所等編：《孫中山選集》，上冊，頁115。

74 孫中山：《建國方略》，頁166-167。

出了「行易知難」學說。孫氏對此曾自言：

> 蓋「行之惟艱」一說，吾心亦信而無疑，以為古人不我欺也。繼思有以打破此難關，以達吾建設之目的，於是以陽明「知行合一」之說，以勵同人。惟久而久之，終覺奮勉之氣，不勝畏難之心，舉國趨勢皆如是也。予乃廢然而返，專從事於「知易行難」一問題，以研求其究竟。幾費年月，始恍然悟於古人之所傳、今人之所信者，實似是而非也。乃為之豁然有得，欣然而喜，知中國事向來之不振者，非坐於不能行也，實坐於不能知也；及其既知之而又不行者，則誤於以知為易、以行為難也。[75]

由「行易知難」的角度出發，孫中山認為首先要在「知」的方面培養國民的憲政意識，如果國民對憲政有了明確的認識，則憲政進程自然隨之而行。[76]由此角度出發，孫氏就革命建國的進程進行了軍政、訓政、憲政三個階段的劃分。孫氏言：

> 予之於革命建設也，本世界進化之潮流，循各國已行之先例，鑒其利弊得失，思之稔熟，籌之有素，而後訂為革命方略，規定革命進行之時期為三：第一、軍政時期，第二、訓政時期，第三、憲政時期。[77]

在三個階段中，孫氏尤其注重訓政方面的實行，並對訓政過程進行了

75　同前注，頁123。

76　孫中山言：「先奠國基於方寸之地，為去舊更新之始，以成良心上之建設也。」參見同前注，頁185。

77　同前注，頁173。

詳細的規劃。[78]之所以如此，主要是在孫氏看來，實現憲政最難的問題在於國民對憲政「知」的方面。具體說來，孫氏認為，問題主要有兩方面：一是中國國民教育程度普遍較低，且因長期處於專制政體之下，對憲政不能產生清晰而準確的認知。所謂「夫中國人民知識程度之不足，固無可隱諱者也。且加以數千年專制之毒，深中乎人心。」[79]二是國民在經過憲政教育以後，因受到傳統的「知之非艱，行之惟艱」觀念的影響，而對憲政的實行產生畏懼心理。對此，孫中山在訓政過程中主張由「先知先覺之革命政府以教之」[80]，使國民一方面對憲政有明確而清晰的認知，另一方面確立其「行易知難」的思維，並推動國民積極去踐行。通過這種訓政，當國民在思維層面上樹立「行易知難」的觀念，並對憲政有了真正的認知後，則憲政方能真正的坐實到政治實踐中。

78 在《建國方略》中，孫中山對訓政過程進行了詳細的規劃，「以一縣為自治單位，縣之下再分為鄉村區域，而統於縣。每縣於敵兵驅除、戰事停止之日，立頒佈約法，以之規定人民之權利義務與革命政府之統治權。以三年為限，三年期滿，則由人民選舉其縣官。或於三年之內，該縣自治局已能將其縣之積弊掃除如上所述者，及能得過半數人民能瞭解三民主義而歸順民國者，能將人口清查、戶籍釐定、警察、衛生、教育、道路各事照約法所定之低限程度而充分辦就者，亦可立行自選其縣官，而成完全之自治團體。」參見同前注，頁173-174。

79 同前注，頁179。

80 同前注。

四、結語

本文主要探討了清末陽明學興起的歷史背景以及陽明學對孫中山國家建構思想在國家哲學的本土話語建構、憲政規劃的認知思維方式以及政治實踐中的知行問題三個層面的影響。從清末陽明學興起的歷史背景來看，日本陽明學在催生日本明治維新政權中所起到的作用促使清末的知識份子開始關注於陽明學，但這種關注更多的是看重陽明學在政治變革中的政治功效性。孫中山對陽明學的接受事實上也受這種歷史氛圍的影響。就其接受程度而言，孫中山主要是吸收了王陽明思想中對於自己國家建構思想具有現實效用的部分，而並非是整體性的接受陽明學。這一點與清末以及此後民國時代許多知識份子吸收陽明學的進路相同。值得注意的是，孫中山雖然受到陽明學的影響，但從不認為自己是「陽明學者」。這與同一時代的梁啟超雖然大力介紹並提倡陽明學而不以王學傳人自居一樣。就陽明學的發展譜系而言，清代自邵念魯、全謝山（1705-1755）與李穆堂（1675-1750）之後，陽明學派已經不復存在。就此而言，則陽明學在孫中山思想中居於何種地位則成為值得進一步研究的主題。總體而言，孫中山在近代吸收陽明學主要是為了以陽明學內部符合時代因素的內容為中介，以此調和中西，建構一種具有本土話語特色的現代國家建構理論。這一傾向亦為民國時代傾向於陸王心學而希圖調和中西思想，冀希通過「良知坎陷」而開出民主政治的新儒家所承接。

2

孫中山「民權主義」的時空轉換與創造

區建英
新潟國際情報大學國際學部國際文化學科教授

一、前言

孫中山在一次談中國國民黨的革命性質時說：「兄弟底三民主義，是集合中外底學說，應世界底潮流所得的。就是美國前總統林肯底主義，也有與兄弟底三民主義符合底地方，其原文為The government of the people, by the people, for the people」。他把of the people譯成「民有」，把by the people譯成「民治」，把for the people譯成「民享」，並說這三者各相當於他的「民族」、「民權」、「民生」主義。[1]其實，孫中山的三民主義與林肯的主義只能說有相符之處，而不能等同。所謂「民有」是指中國人民抵抗外來侵略、爭回國家主權的「民族主義」；「民治」是汲取了西洋民主思想，同時又繼承並突破了儒家民本思想的「民權主義」；「民享」則是以儒家「仁政」思想對西方民主主義進行補充的「民生主義」。

這套譯語既匯集了中外學說，又包含孫中山的獨創。比如其中的「民權主義」，可以說是從西洋引進的民主主義（democracy），但它不僅包含西洋近代的元素，同時也包含中國傳統的元素。一方面汲取西洋近代的民主思想，但又區別於「民主」，另一方面繼承中國傳統的民本思想，但又區別於「民本」。中國的民本思想產生於過去的歷史狀況，帶著幾千年與專制政治對抗和結合的特性；西洋的民主思想產生於不同的文化土壤，在民主實踐中也存在著一些流弊。所以，兩者對於近代中國都難免具有正負兩義性，不論是從西洋引進的，還是從傳統繼承的，要使之適合於近代中國，真正付諸實踐，都是很困難的。從空間上，它需要對西洋近

1　孫中山：〈中國國民黨是純粹的革命黨〉，收入孫中山研究學會編：《孫中山文集》，上冊（北京：團結出版社，1997年），頁372-373。

代元素進行轉換，從時間上，它需要對中國傳統元素進行轉換。

孫中山採用「民權」概念有他的深切考慮，這是對西方民主主義的一種東方的詮釋。他匯集中外文化的精華來應對時代的課題，在思想和實踐中有很多創造，但也難免有一些盲點。這對於今日的中國依然具有深遠的意義。本文擬把論述的焦點集中於孫中山「民權主義」的時空轉換與創造。

二、「民本」與「民主」之間

一般來說，當一個社會的文化系統因內部的變動或外部的衝擊而失去安定性，出現危機時，它有可能通過內部的調整或與外來文化的結合，恢復其平衡和安定性。[2]清末中國的內憂外患，正體現了中國社會的文化系統失去了平衡，陷入了危機。而西洋的衝擊，對於中國既形成了外患，也帶來了異文化的知性資源和重構文化系統的契機。但在一種前所未有的外來文化被引進之時，必然會與舊有的文化系統發生激烈的相互作用。因為在任何文化系統的結構中，構成其整體的每個文化要素都具有特定的機能，並與周圍的文化要素形成一定的關係，構成一種獨自的「相位」——即每個要素在系統中的排列和相互結合的樣式。雖然整體是由各個要素組成的，但系統組成之後，整體的特性又大於各個要素的總和。所以，外來文化的要素被導入舊有的「相位」時，便會與周邊的傳統文化要素發生作用，其結果可能使舊有的「相位」出現重構，也可能因傳統要素的擠壓或

2 平野健一郎根據石田英一郎關於文化系統的示意圖，列舉出了文化系統性的四個基本條件：(1)由各部分構成整體，但整體的特性大於各部分的總和；(2)具有文化自身的邊界；(3)各部分都有自身特定的機能，在整體的結構中發揮作用；(4)具有恢復平衡的性能和安定性。參見平野健一郎：《国際文化論》（東京：東京大学出版会，2000年），頁11。

吞噬而發生變容或變質。其變容方式影響著整體特性的變動方向。為了在考察孫中山的「民權主義」時，能把握住中國舊有文化結構的「相位」及其特性的變動，在此先整理一下儒家思想和中國傳統政治文化的相關問題。

西洋近代的民主主義與中國傳統的民本主義，雖然產生於不同的歷史背景和文化土壤，性質相異。但兩者具有一個共通點，就是明確地把「為民」作為政治目的。中國在遠古時代就產生了「民本」的思考，作為「為民」的政治思想可以說是人類最早的。自周朝起就有「民之所欲，天必從之」、「天視自我民視，天聽自我民聽」（《尚書・泰誓》）等說法。春秋時更有「政之所興，在順民心，政之所廢，在逆民心」（《管子・牧民》）的為政思想，已經認識到人民是組成國家的基礎，政事必須符合人民的願望。孔子進一步提出了以民為重的「仁」學，把「仁」奠定為儒家思想的核心，主張以仁德施政。到了孟子的時候，又發展為「民為貴，社稷次之，君為輕」（《孟子・盡心章句下》）的理論，由此形成了比較完整的「民本」思想。由於「為民」明確被作為政治目的，所以作為保障「仁政」的條件，要求統治者必須有德，如果君主無德，就會失去作統治者的正當性。這裡便產生出「革命」的原理，推翻暴君是得到肯定的。中國早就出現了「湯武革命，順乎天而應乎人」（《易・革》）的名言，荀子、孟子等先秦著名儒者都承認「湯武革命」的正當性，到漢代的董仲舒也依然持擁護「湯武革命」的理論。「大道之行也，天下為公」（《禮記・禮運》），主張天下是天下人民的，而不是君王私人的，「公天下」是中國古代的政治理想。這一系列政治觀念，作為在道德上制約統治者的原理，確實在歷史上發揮過重要作用。毫無疑問，民本思想在中國政治思想中具有極高的價值。

但是，這些政治思想在發揮社會機能和滲透於社會的時候，往往會產生出不同於其思想的特性。在中國歷史上，儒家的民本思想實際上被兩大政治因素所捆綁。第一是「君本」取代了「民本」。在古代君主專制的歷史局限下，民本思想只能為君主提供合理的治國理論，勸君主通過「仁政」獲取民心，以維持統治。所以「民本」基本上是站在統治者的立場，服務於統治的目的，實際上君主才是本位的。《尚書》中雖有「民主」一詞，「天惟時求民主，乃大降顯於成湯」（《尚書‧多方》），但那裡的「民主」是指民之主宰者，即統治人民的君主，而沒有人民作主的意思。同時由於「仁政」思想產生於古代宗法社會，聖人通過虛構一個家族式社會來謀求和睦，把家族中的慈愛推衍到政治原理中，把統治者和人民比擬為父子關係。古昔就有「元後作民父母」（《尚書‧泰誓》）的思想，「元後」即君主，這裡是說上天選擇有聰明睿智的君主來作人民的父母。還有「天佑下民，作之君，作之師」（《尚書‧泰誓》）的思想，即上天保護人民，還讓君主作人民的導師。後來更有「父母官」等詞語的普及，連輔佐君主的官吏也被看作是民之父母、民之導師。宋代以後，隨著科舉制的確立和完善，形成了學者統治的官僚制，民之父母、民之導師由經過嚴格考試的最有知性和教養的士大夫來擔任，使「父母官」統治的官僚制更加強大。當然不可否認，中國歷史上由於民本思想的作用，確實有過達成「仁政」的時期，也出現過人民安居樂業的盛世。但人民只是君主和官吏的孩子，人民作為孩子的總體，其個人的獨立人格和自主性難以確立，很難被承認為認識事物和判斷問題的主體。

第二是君主「家天下」的現實。因為實際上是以君為本，政治又受宗法原理支配，所以君主的至尊地位和專權得到了徹底的正當化。被稱為民之父母的君主實際上成了天下的家長，整個天下淪為君主一家一姓的私有物，官吏往往充當了君主的奴才和鷹犬，人民則成了君主的臣妾或奴僕。這種結構往外延伸，更擴展為「官本位」和官僚「家天下」的狀況，使到「民本」和「仁政」有名無實，難以實現。嚴復曾尖銳指出：

> 中國自秦以來，無所謂天下也，無所謂國也，皆家而已。一姓之興，則億兆為之臣妾。其興也，此一家之興也；其亡也，此一家之亡也。……而民人特奴婢之易主者耳，烏有所謂長存者乎！[3]

並道破了君民之間權利的實質：「世隆則為父子，世污則為主奴，君有權而民無權者也」。[4]他特別強調說，人民無論被當作「子」，還是被當作「奴」，「其於國也，無尺寸之治柄，無絲毫應有而必不可奪之權利則同」。[5]這裡的關鍵問題在於無化了人民的權利。「仁可以為父母，暴亦可為豺狼」。[6]統治者「仁」時也只作父母而已，人民不是幸福的，因為「仁政」只能由「父母官」來決定和實施，作為孩子的人民難以決定自己的命運。統治者「暴」時便成為豺狼，人民受苦遭殃不言而喻。「天下為公」的政治原則被抽空，正如黃宗羲指出：「為人君者……使天下之人以我之大私為天下之大公」（《明夷待訪錄‧原君》）。此句一語道破皇帝之「大公」實為「大私」的本質。

通過以上整理可知，儒家思想的「民本」、「仁政」與傳統政治的「君本位」、「官本位」、「家天下」等要素相結合，構成了一個「相位」。如果我們不僅注目於中國文化系統中所包含的各種具體要素，而且還注目於那些要素在整體中的「相位」，就可以發現那裡顯示出一種特性，那就是民本理想被君主專制標榜和吞噬。

---

3 孟德斯鳩（Montesquieu）著，嚴復譯：《孟德斯鳩法意》，上冊（北京：商務印書館，1981年），頁87。

4 同前注，頁301。

5 甄克思（E. Jenks）著，嚴復譯：《社會通詮》（北京：商務印書館，1981年），頁133。

6 孟德斯鳩著（Montesquieu），嚴復譯：《孟德斯鳩法意》，上冊，頁224。

孫中山要打破的正是這種傳統政治的特性。但他的打破方式並不是完全擯棄傳統，而是通過導入西洋思想來提出反命題，把民本思想從與專制捆綁的「相位」中剝離出來，救出其正面價值。他認為，中國的傳統「雖其中有『大道之行，天下為公』，又有『天視自民視，天聽自民聽』、『民為貴，君為輕』、『國以民為本』等言論」，但是，本應以聰明睿智師導人民、讚佐化育的統治者，卻淩駕於人民之上，無化了「民本」宗旨。

> 擅用其聰明才智，以圖一己之私，而罔顧人群之利，役使群眾，有如牛馬，生殺予奪，威福自雄；蚩蚩之民，畏之如神明，承命惟謹，不敢議其非者，由是履霜堅冰，積為專制。我中國數千年來聖賢明哲，授受相傳，皆以為天地生人，固當如是，遂成君臣主義，立為三綱之一，以束縛人心。[7]

如前所述，在傳統的政治觀念中，「民主」之含義乃民之主宰者，民雖為本，但人民無權。孫中山通過引進歐美的民主思想和介紹世界潮流，返照出了專制政治與民本思想捆綁的問題性。為了救出「以民為本」的價值，他試圖使之與專制脫鉤，突破由君主和官僚主宰人民的基本構架。其脈絡性轉換的關鍵，就是把「民」與「權」結合起來，使人民成為社會的主體。他說：「民權者，民眾之主權也」。[8]採用「民權主義」的概念，能區別於舊有的「民主」觀念和改變「民本」的「相位」。

又因中國的民本傳統缺乏民權觀念，所以古來即便是有價值的政治改革，也往往只注目於政務——即「為民」的政策，而並非人民的主權。當近代導入西洋的民主主義時，人們也往往無意識地把民主與傳統民本觀念

7　孫中山：〈論三民主義〉，收入孫中山研究學會編：《孫中山文集》，上冊，頁40。

8　同前注。

混同。包括康有為、梁啟超等較早使用「民權」用語的同時代人也難免於這種混同。康梁傾向於自上而下的傳統方式，他們的改革主張與其說是注重「伸民權」，不如說更是注重「護君權」。孫中山則在對傳統的詮釋中注意到理想與現實的區別。比如，他雖然說「兩千多年前的孔子、孟子便主張民權」，但這是為了活用「大道之行也，天下為公」的大框架。他同時引用「聞誅一夫紂矣，未聞弒君也」等孟子的話，並詮釋其意說：

> 在那個時代，已經知道君主不必一定是要的，已經知道君主一定是不能長久的，……中國人對於民權的見解，二千多年以前已經早想到了。不過那個時候還以為不能做到，好像外國人說的「烏托邦」是理想上的事，不是即時可以做到的。[9]

把古代思想中包含的「民權」因素，與現實中專制下的「民本」政治區別開來。這種區別意識，有利於他防止上述混同，而突出「民權」的革新性。

另外，在中國的傳統觀念中，推翻君主叫做「革命」。孫中山在號召海外華僑支援革命時，援引了儒家古典中「湯武革命，順乎天而應乎人」之說，闡明「革命者乃聖人之事業也」。[10]這也是對儒家道統的繼承，但他在順天應人的內容上已做了脈絡性轉換，他所要順應的是不堪忍受專制的民意，和要求平等自由的新時代民意。過去推翻君主的「革命」，因無「民權」觀念，其結果總是產生出新的專制君主，由此滋生出一種皇帝思想，使專制出現惡性循環。孫中山反復提醒人們要防止這種舊弊，比如他說：

---

9 孫中山：《三民主義十六講》，收入孫中山研究學會編：《孫中山文集》，上冊，頁138-139。

10 孫中山：〈革命是神聖事業天賦人權〉，收入孫中山研究學會編：《孫中山文集》，上冊，頁31。

當我提倡革命之初，其來贊成者，十人之中，差不多有六七人是有一種皇帝思想的。但是我們宣傳革命主義，不但是要推翻滿清，並且要建設共和，……我們革命黨於宣傳之始，便揭出民權主義來建設共和國家，就是想免了爭皇帝之戰爭。惜乎尚有冥頑不化之人，此亦實在無可如何！[11]

可見，他是要把革命所奪之「權」與「民」相結合，以「民權」來防止專制的重新循環。以上幾例可表明，他從時間的角度對中國傳統元素進行了轉換。

另一方面，孫中山同時又從空間的角度對西洋近代元素進行了轉換。三民主義雖然汲取了西洋近代思想，但並不是對西洋的純粹翻譯。比如，孫中山援引了林肯的「of the people, by the people, for the people」來解釋三民主義，但他又說，各國的革命黨「向來沒有抱三個主義的」。美國「完全是為民權主義」，法國大革命「是抱民權主義合民生主義的」。「他們兩國的民權革命，業已成功。但法國的民生主義，卻是失敗。所以他們兩國目前完全是要講民生主義了」。[12]林肯所說的「for the people」，並不一定是指「民生」，孫中山說那相當於「民生主義」，其實是對林肯作了轉換。他的「民生主義」繼承了孔子的「仁政」思想，不是僅為少數人某利益的，而是要「使大多數人享大幸福」的。[13] 正是出於這種價值觀，他看到了歐美革命的不完全性，並指出：

歐美自政治革命而後，人人有自由平等，各得肆力於工商業，經

11　孫中山：《三民主義十六講》，頁144。

12　孫中山：〈中國國民黨是純粹的革命黨〉，頁372。

13　孫中山：〈民生主義是使大多數人享大幸福〉，收入孫中山研究學會編：《孫中山文集》，上冊，頁36。

濟進步，機器發明，而生產之力為之大增。得有土地及資本之優勢者，悉成暴富；而無土地及資本之人，則轉因之謀食日艱。由是富者愈富，貧者愈貧，則貧富之階級日分，而民生之問題起矣。[14]

孫中山的三民主義與「of the people, by the people, for the people」顯然是不一樣的。林肯主義中「of the people」主要是指根據人民的意志形成人民的政府，而「民有」除了此含義之外，還指「民族主義」。「民治」與林肯主義相同，是指由人民參與政治。但並不是為了「民有」而「民有」，為了「民治」而「民治」，而是「民有」和「民治」都為了「民享」。在三民主義中，三者的重要度並不是按「民族」、「民權」、「民生」的順序排列的，也不是水平的。「民生主義」是根本目的；「民權主義」是實現「民生」的核心方法；「民族主義」是爭回國家主權的重要方法。如果以「體用」關係來表述，也可以說，「民生主義」為體，「民權主義」和「民族主義」為用。他把「民生」作為目的，這是對「仁政」思想的繼承。同時，他提倡「民生主義」時強調要「厲行民治精神」。[15]認為必須通過「民治」才能達到真正的「民生」，這是對傳統「仁政」的一個突破。「為用」的兩者也不是意義同等的。在中國民族遭受異族壓迫和外國侵略的狀況下，須用「民族主義」爭回國家主權，這是通向「民生」的一個必要條件。但在通常的、甚至所有的情況下，實現「民生」的方法則是「民權主義」。應注意的是，「體用」關係並不等於主次關係，對於目的來講，方法是至關重要的。要達到真正的

---

14 孫中山：〈論三民主義〉，頁42-43。

15 孫中山：〈提倡民生主義 厲行民治精神〉，收入孫中山研究學會編：《孫中山文集》，上冊，頁49。

「民生」，就必須用「民權」，兩者不可分離。作為方法，「民權主義」處於核心價值的位置。

還有關於近代民主制，孫中山一方面學習西洋，另一方面也探索了對西洋的轉換。比如，他通過研究歐美各國的政治狀況，看到了代議制的局限性。他說：「美國之憲法，雖以民權為宗旨，然猶是代表之政治，而國民只得選舉之權而已」。[16]他認為「代議制不是真正民權，直接民權才是真正民權」。所以，特別注目於瑞士憲法中更直接的民權。[17]在探索中華民國的政治體制時，他詳細詮釋了瑞士型的民權，並從中國傳統中發掘有價值的因素，創出了「五權憲法」。同時，他還通過考察世界上的民權發展史，分析了各國民主政治中一些流弊，認識到濫用民權，導致暴民政治，也會成為實現民權的障礙。

為了彌補西洋所經驗的民主主義的局限性和避免現實中的流弊，孫中山從時空兩個角度往復於古今中外，去探索智慧的資源和創造民權實踐的方法。他既嘗試了對中國傳統民本主義的拯救和突破，又嘗試了用傳統的智慧對西方民主主義作創造性的轉換和發展。這作為一種指導革命實踐的思想理論，在中國歷史上具有首創性。

三、傳統結構與近代改革相剋的困境

西洋近代的民主主義對於中國，既是一種普世價值，又是一種外來文化，其引進並不是簡單的「取長補短」，那是兩個文化系統的碰撞。中國的近代變革在中西文化的相互作用中，一方面舊有的文化因之得到改

16　孫中山：〈論三民主義〉，頁41。

17　孫中山：〈中國國民黨是純粹的革命黨〉，頁373。

善，另一方面作為外來文化植入的土壤，舊有文化的「相位」又擠壓或吞噬外來文化的要素，使其產生變容或變質。這意味著中國的近代改革和革命，會在實踐中不斷地遇到與傳統結構相剋的困境。

清朝末期，中國陷入了內憂外患的深刻狀態，其直接原因主要是滿清王朝的昏聵黑暗和腐敗無能，但此狀態的背後隱伏著中國專制傳統的深層原因。滿清王朝不僅是異族政權，還兼有專制的性質，所以，打倒滿清王朝的革命包含著推翻異族統治和推翻專制的雙重課題。孫中山的三民主義反映了對這雙重課題的明確認識。作為通向「民生主義」——即通向國家獨立富強、人民安居樂業的方法，他提出了「民族主義」和「民權主義」。但這兩者所處的位置並不是同等的，前者是在遭受外族侵略的狀況下爭回國家主權的途徑，後者是在所有情況下實現「民生」的根本方法。他把這兩者的推進過程稱為民族革命和政治革命（或民權革命），而民族革命是緊急課題，民權革命是根本課題。

孫中山很早就注重擺正「民族主義」的位置，闡明「民權主義」才是核心課題。1906年在慶祝《民報》創刊週年大會的演說中，他特別指出：

> 民權主義，就是政治革命的根本。將來民族革命實行以後，現在的惡劣政治固然可以一掃而盡，卻是還有惡劣政治的根本，不可不去。中國數千年來都是君主專制政體，這種政體，不是平等自由的國民所堪受的。要去這政體，不是專靠民族革命可以成功。試想明太祖驅除蒙古，恢復中國，民族革命已經做成，他的政治卻不過依然同漢、唐、宋相近。……不做政治革命是斷斷不行的。……講到那政治革命的結果，是建立民主立憲政體，照現

在這樣的政治論起來，就算漢人為君主，也不能不革命。[18]

可見，他雖然為了光復中華民族的國家而號召推翻滿清政權，但是，其革命的根本是要推翻幾千年延續下來的專制，這不是光靠民族革命就可以解決的，以民權主義為宗旨的政治革命才是其核心課題。他在政體選擇上的執著態度也表現了這種考慮。他早在最初號召打倒滿清時，就主張建立共和政體，而且即使後來遇到了來自各方面的挑戰和阻力，都始終一貫地堅持這個主張。試想一下，如果僅僅是為了打倒滿清異族政權，光復中華民族的國家，那麼為何要徹底否定君主制？這種執著並不是因為他簡單地認定在進化過程中民主共和比君主立憲先進。他還說過：「觀於昏昧之清朝，斷難實行其君主立憲政體，故非實行革命、建立共和國家不可也」。[19]顯然，他也承認君主立憲政體的價值，但即便如此，還是非要建立共和不可。這意味著他感到由非滿人來實行君主立憲也不行，為了在專制已成慣性的中國杜絕君主專制的再循環，必須建立共和政體。他的執著是紮根於「民權」的。

在注重「民權」能否真正實行這一點上，可以說孫中山與嚴復的思想是最接近的。嚴復著眼於從智、德、力上培養真正能承擔「民權」的人民，孫中山則著眼於建立一個杜絕專制、保障「民權」的共和政體。他們兩人之間很早就有過一段耐人尋味的對話。1905年春初，嚴復為協助礦權訴訟而到了倫敦，那時孫中山也從紐約到了倫敦，孫中山便特地來訪，與嚴復交談。嚴復說：「中國民品之劣，民智之卑，即有改革，害除於甲者將見於乙，泯於丙者將發之於丁。為今之計，惟急從教育著手，庶幾逐漸

18　孫中山：〈民族的 國民的 社會的國家〉，收入孫中山研究學會編：《孫中山文集》，上冊，頁23-24。

19　孫中山：〈非革命不能建立共和國〉，收入孫中山研究學會編：《孫中山文集》，上冊，頁461。

更新乎！」孫中山反駁說：「俟河之清，人壽幾何？君為思想家，鄙人乃實行家也。」[20]兩人的立場似乎很不相同，但不能說是分道揚鑣。在那分歧的深處隱含著他們最相近的思慮，那就是關心「民權」的真正實現。嚴復經歷了天津北洋和輾轉京滬的奉職以及研究活動，從官場到社會的現狀和人的意識中，痛切地感受到了傳統舊習的根深蒂固，所以在考慮改革時，他擔憂中國人落後的精神素質會使先進的民主制度變成形骸。而孫中山則擔憂現存的體制一日不改，便無法結束當前的黑暗政治和開啟民主的新局面。兩人抱有同樣的關心，但作為「思想家」和「實行家」卻著眼於不同的領域。他們的分歧也反映了傳統政治文化與近代政治改革相剋的困境。孫中山對嚴復的憂慮也是有共鳴的，但他作為「實行家」是要「知其不可而為之」。

不過，孫中山作為「實行家」並不是一味冒進的，也正因為他是「實行家」，所以對革命的推進具有豐富的現實考慮。這種現實感在革命初期就已顯示出來了。比如1905年秋，他在與汪精衛的談話中指出：「革命以民權為目的，而其結果，不逮所蘄者非必本願，勢使然也。革命之志在獲民權，而革命之際必重兵權，二者常相抵觸者也」。[21]已預想到革命中會出現干擾和壓抑民權的因素，甚至會導致專制君權。為防止這種事態的出現，他提出了一定的對策。

> 察君權、民權之轉捩，其樞機所在，為革命之際先定兵權與民權之關係。蓋其時用兵貴有專權，而民權諸事草創，資格未粹，使不相侵，而務相維，兵權漲一度，則民權亦漲一度。逮乎事定，解兵權以授民權，天下晏如矣。定此關係厥為約法。……洎

---

20 孫應祥：《嚴復年譜》（福建：人民出版社，2003年），頁233。

21 孫中山：〈革命以民權為目的〉，收入孫中山研究學會編：《孫中山文集》，上冊，頁475。

乎功成，則十八省之議會，盾乎其後，軍政府即慾專權，其道無繇。而發難以來，國民瘁力於地方自治，其繕性操心之日已久，有以陶冶其成共和國民之資格，一旦根本約法，以為憲法，民權立憲政體有磐石之安，無漂搖之慮矣。[22]

由此可知，孫中山不僅對現實中壓抑和阻礙民權的因素有警惕，而且還考慮了預防的措施，並對這些措施的結果曾抱有樂觀的態度。

然而，儘管孫中山對推進民權的困難性已有比較充分的現實考慮，但作為「實行家」所遇到的困難又往往超出了預想，他在實踐中不得不逐一應對這些來自傳統習俗的各種障礙。從中華民國成立之時起，他就開始直面近代改革實踐中的困境了。由於中國歷史長期以來，民本思想被捆綁於專制中，構成了一個傳統政治的「相位」，這反而成了他推進「民權」的障礙。1919年孫中山在〈論三民主義〉中深有體會地說，中國數千年雖有「國以民為本」等言論，「然此不過一隙之明，終莫挽狂流之勢」。[23]由於現實中遇到的困局，他已感到不可能從「約法」直接步入「憲政」。於是便主張需要有一個走向「憲政」的過渡階段，他說：「蓋慾於革命之際，在破壞時則行軍政，在建設時則行訓政。所謂訓政者，即訓練清朝之遺民，而成為民國之主人翁，以行此直接民權也」。但即便如此，還是障礙重重。正如他所指出：

當日革命黨員多注重民族主義，而鮮留心於民權主義，故破壞成功之後，官僚則曰人民程度不足也，而吾黨之士又從而和之，曰人民程度不足，不可以行直接民權也。……彼輩既承認此革命後

22 同前注，頁476-477。

23 孫中山：〈論三民主義〉，頁40。

之新國為中華民國矣，而又承認中華民國之主權在於國民全體矣，是即承認四萬萬之人民將必為此中華民國之主人矣。而今之行政首長，凡百官吏以及政客、議員者，皆即此四萬萬人民之臣僕也；既為其臣僕，而又敢公然曰：「吾之主人知識幼稚，程度太低，不可直接以行其主權也。」以是故也，予所以有訓政時期之主張，而此輩又群起而反對之。[24]

孫中山認為，這些志士、黨人、官僚、政客既不願像諸葛亮那樣鞠躬盡瘁，也不願像周公那樣訓政以輔佐主人。他指出：這樣下去，「必至大者為王莽、曹操、袁世凱之僭奪，而小者則圖私害民為國之賊」。這種「官本位」舊習的頑固存續，阻礙民權的實現，其結果必然會把「為民」的政治吞噬殆盡。但儘管障礙重重，他對「民權」的必要性和必然性抱有堅定的信念，以鍥而不捨的態度告誡人們：

今之武人、官吏乘革命之賜，幸而得有高位，而不盡心民事者，勿以人民可欺，而能久假不歸也。……民國之主人，今日雖幼稚，然民國之名有一日之存在，則民權之發達終不可抑遏。[25]

與上述問題相關，孫中山同時也特別警惕潛在於傳統「革命」中的草莽起義者所共通的陋習。「家天下」的君主專制造出了一種負面文化，就是「有大志之人多想做皇帝」，把革命看作改朝換姓的機會，歷史上的草莽革命在不斷重複這種皇帝志向。這不僅阻礙民權的實現，也阻礙民族革命的實現，但這種陋習也只有靠民權來克服。他尖銳指出：

24　同前注，頁41-42。

25　同前注，頁42。

惟尚有一層最要緊的話，因為凡是革命的人，如果存有一些皇帝思想，就會弄到亡國。因為中國從來當國家作私人的財產，所以凡有草昧英雄崛起，一定彼此相爭，……如果革命家自己相爭，四分五裂，豈不是自亡其國？……所以我們定要由平民革命，建國民政府。這不止是我們革命之目的，並且是我們革命的時候所萬不可少的。[26]

共和政體的選擇，也是為了防止和打破這種傳統陋習。有不少人認為共和政體是過激的，但在孫中山的問題意識中，這個選擇是符合中國國情的。不過，儘管孫中山反復告誡人們要去除皇帝思想，並試圖通過建立共和政體來杜絕這些舊弊。但由於專制傳統的「家天下」舊弊非常根深蒂固，所以到了滿清王朝被推翻，民國的共和政體建立之後，皇帝思想作為一種傳統觀念依然沒能被消除，而且從革命黨內部不斷蠶食人們的意識。這也是阻礙民權主義紮根於中國的一大障礙。經歷過辛亥革命後的政治混亂和袁世凱的獨裁弊政之後，孫中山痛切地感受到所面臨困難的深刻性。1917年起撰寫《建國方略》，他在〈自序〉中說，本以為推翻專制創建共和之後，就可進而實施三民主義。

不圖革命初成，黨人即起異議，謂予所主張者理想太高，不適中國之用；眾口鑠金，一時風靡，同志之士亦悉惑焉。……此革命之建設所以無成，而破壞之後，國事更因之以日非也。夫去一滿洲之專制，轉生出無數強盜之專制，其為毒之烈，較前尤甚。於是而民愈不聊生矣！[27]

26　孫中山：〈民族的國民的社會的國家〉，頁24。

27　孫中山：《建國方略》，收入孫中山研究學會編：《孫中山文集》，下冊（北京：團結出版社，1997年），頁782。

在孫中山看來，不僅是袁世凱的復辟，還有後來的陳炯明造反等都是這種舊觀念的反映。這無疑阻礙著中國真正實現民權和走向共和。

另外，即便是在推行民權的陣營中，也會遇到傳統政治文化「相位」的障礙。比如，在中國的「民本」傳統中，「仁政」不是靠人民的自治，而是靠所謂有德者的君主和官僚來實現。因此在人們的觀念中，「民主」容易與「民本」發生混同，儘管改革者有志於剔除惡政，謀求「仁政」，但往往傾向於只在政務上做功夫而忽視「民權」，無意識地重蹈有德者統治的「官本位」傳統。另一方面，民眾也缺乏政治的主體性，長期以來被置於兒子或奴婢地位的人民政治意識幾乎空白。民國成立當初，孫中山就注意強調，「今專制推倒，共和成立，是吾同胞由奴界一躍而登之主人地位，民族、民權主義已達目的。惟民生主義尚在萌芽，吾同胞各享國家權利，要各負國民責任，各盡國民義務」。並指出中國之所以貧弱，「實因前清專制政體，人民無權利，遂無義務的思想」。[28]而且還啟導和告誡人們：

> 共和之所以異於專制者，專制乃少數人專理一國之政體，共和則國民均有維持國政之義務。……
>
> 專制的時候，人人俱受官府監督，共和政體，人人皆是主人。……
>
> 從前專制的時候，官府為人民以上的人，現在共和，人民即是主人，官府即是公僕。……國政百端，絕非少數人所能辦理，必合全國。……倘互任少數人獨斷獨行，則勢必流於專制，何得云共和。故為防此少數人之專制，凡屬國民均有參政之權。所以義

28 孫中山：〈共和國體與專制國體之不同〉，收入孫中山研究學會編：《孫中山文集》，上冊，頁505。

務、權利兩相對待，欲享權利必先盡義務。務望諸君切實轉告我民國父老兄弟，甚勿放棄個人義務，陷國家於危亡。[29]

但是，在人民極其缺乏政治意識和公共精神的傳統風土中，要人民樹立起權利和義務的觀念，培養出參政的意識和熱情，談何容易。到了1924年國民革命啟動時，廣大民眾依然處於缺乏政治主體意識的狀態。孫中山在關於三民主義的十六回講演中指出：

由秦以後歷代皇帝專制的目的，第一是要保守他們自己的皇位，永遠家天下，使他們子子孫孫可以萬世安享。所以對於人民的行動，於皇位有危險的，便用很大的力量去懲治。……反過來說，如果人民不侵犯皇位，無論他們是做甚麼事，皇帝便不理會。……人民對於皇帝只有一個關係，就是納糧，除了納糧之外，便和政府沒有別的關係。因為這個原故，中國人民的政治思想便很薄弱。[30]

孫中山認為，在中國長期的專制體制下，政治基本上是與人民無關的。人民得到了相當程度的自由，但那是一盤散沙的自由。所以他指出，「中國人現在所受的病，不是欠缺自由」。[31]他不贊成在中國主張爭取自由，而更強調民權和公共精神。這一點與嚴復形成對照。嚴復也同樣對中國人各顧私己、一盤散沙的狀態感到憂慮，同樣認為中國人不缺乏追求私利、追求物質的自由，但認為中國人缺乏精神的自由，即缺乏追求理性的自由、自主思考和關懷公共的自由。嚴復是把自由看作本質要素

29 孫中山：〈共和國人人皆是主人〉，收入孫中山研究學會編：《孫中山文集》，上冊，頁506。

30 孫中山：《三民主義十六講》，頁150-151。

31 同前注，頁154。

的，所以主張「自由為體，民主為用」，把民主作為達成自由的手段，立足於個人的自由來倡導「民權」，出於這個觀點而最注重人民素質——民智、民德、民力的提高，倡導人民的精神變革和自治實踐。可見關於自由的想法，孫中山與嚴復是不一樣的，這也許是「實行家」與「思想家」的注目點之不同。但是，他們都同樣主張先從地方自治開始，讓人民練習參與政治的實踐，所以在關於「民權」的推進方面，他們是殊途同歸的。

眾所周知，中華民國成立後孫中山經歷了很多挫折，三民主義不進反退令他痛心疾首。在1924年9月的制定《建國大綱》宣言中，他回顧了這一段深切的體驗，指出：「自辛亥革命以至於今日，所獲得者，僅中華民國之名。國家利益方面，既未能使中國進於國際平等地位。國民利益方面，則政治經濟犖犖諸端無所進步，而分崩離析之禍，且與日俱深」。[32] 他認識到中國無法一氣進入「憲政」，需要有一個過渡時期。於是便進一步強調實行三民主義必須有其「方法和步驟」，重申了他曾提出的「分革命、建設為軍政、訓政、憲政三時期」的循序漸進構想，並對其理由進行了分析和闡述。

> 辛亥之役，數月以內即推倒四千餘年之君主專制暨二百六十餘年之滿洲征服階級，其破壞之力不可為不巨。然至於今日，三民主義之實行猶茫乎未有端緒者，則以破壞之後，初未嘗依豫定之程序以為建設也。蓋不經軍政時代，則反革命之勢力無繇掃蕩。而革命主義亦無由宣傳於群眾，以得其同情與信仰。不經訓政時代，則大多數之人民久經束縛，雖驟被解放，初不了知其活動之方式，非墨守其放棄責任之故習，即為人利用而陷於反革命而不

32 孫中山：〈制定《建國大綱》宣言〉，收入孫中山研究學會編：《孫中山文集》，下冊，頁567。

知。……辛亥之役，汲汲於制定臨時約法，以為可以奠民國之基礎，而不知乃適得其反。論者見《臨時約法》施行之後，不能有益利國民，甚至並臨時約法之本身效力亦已消失無餘，則紛紛然議《臨時約法》之未善，且斤斤然從事於憲法之制定，以為籍此可以救《臨時約法》之窮。曾不知其癥結所在，非由於《臨時約法》之未善，乃由於未經軍政、訓政兩時期，而即入於憲政。[33]

通過實踐體驗和思考分析，孫中山確信中國不經由「軍政」和「訓政」階段，就不可能進入「憲政」。為此，他在《國民政府建國大綱》中對這三個「步驟」做了具體的規定，標明「軍政時期之宗旨，務掃除反革命勢力，宣傳革命主義」。「訓政時期之宗旨，務指導人民從事於革命建設之進行」。並標明了「由訓政遞嬗於憲政所必備之條件與程序」。而關於「訓政」所作的說明是特別具體的。他指出：

先以縣為自治之單位，於一縣之內，努力於除舊佈新，以深植人民權力之基本，然後擴而充之，以及於省。如是則所謂自治，始為真正之人民自治，異於偽托自治之名，以行其割據之實者。而地方自治已成，則國家組織始臻於完密，人民亦可本其地方上之政治訓練以與聞國政矣。[34]

設計出這種具體方案，正是「實行家」孫中山的獨到本領。「訓政」可以說是孫中山克服革命實踐中的問題的一個值得注目的獨創。「訓政」一詞，由來於清朝專制時代太上皇或太后對幼帝的政治代理，容易招來非議。而且，因「訓政」時期是由國民黨代表民眾行使國家主

33 同前注，頁568。

34 同前注，頁569。

權，所以也遭到了反對者的批判。但孫中山構思「訓政」的意圖，是為民權的實現護航。正如上述所引，他為「訓政」時期制定了一個經由地方自治來培養人民公共精神和自治能力的、循序漸進的程序，人民的自治訓練首先從縣開始，然後擴大到省，再延伸到參與國政。他對「軍政」、「訓政」、「憲政」這三個「步驟」是頗有信心的，他說：

> 儻能依建國大綱以行，則軍政時代已能肅清反側，訓政時代已能扶植民治。雖無憲政之名，而人民所得權利與幸福，已非借口憲法而行專制者所可同日而語。且由此以至憲政時期，所歷者皆為坦途，無顛蹶之一慮。[35]

當然，孫中山的這種認識還是太過樂觀。事實上不僅是難以過渡到「憲政」，連「訓政」的實施都遇到了很多障礙。而且，這種大膽的嘗試也難免伴隨負面的效果，替人民代行政治的先鋒實際上是國民黨，這就開了「以黨治國」的先例，也為後來一黨獨裁的「黨國」陋習埋下了伏筆。

儘管孫中山的「訓政」構想受到多方面的非議，也帶有一些盲點。但在日本知識分子中，被譽為日本戰後民主主義精神支柱的丸山真男則對此給予正面的理解和評價。眾所周知，丸山認為戰前戰中日本人服從天皇為頂點的「國體」去效命於那場侵略戰爭，其精神結構的最大問題是「國民的大多數僅僅是作為政治統治的客體而順從於被給予的秩序」。所以，丸山感到最重要的課題是培養每個國民的政治主體意識，也就是使人民「由單純被動地接受外在給予之秩序的人，轉變為能動地參與秩序創造的

35　同前注。

人」。[36]恰恰是在這一個關心點上，丸山對孫中山產生了共鳴。當然丸山沒有使用「訓政」一詞，而是把之稱為「政治教育」，他說：「孫文的第一課題，是要讓只享有非政治的自由、只意識到自己是被統治者的國民大眾，理解到自己是承擔國家大事的主體，產生出一種把國家和政治視為己任、並主體地去承擔的精神」。其政治教育的目標，正是要「讓只持有被統治者意識的個人培養成政治的國民，即把政治作為自身之事而參與的國民」。「換句話說，就是使全體人民政治化，即讓政治變成人民的東西，同時讓政治人民化，讓政治與人民的全部生活結合起來」。[37]

四、脈絡性轉換和創造性發展

儘管孫中山在革命實踐中遭遇了重重矛盾，但他在艱難中鍥而不捨、百折不撓地探索實踐的方法。他的很多成果顯示著，他實際上對中國傳統文化結構的「相位」進行了創造性的脈絡性轉換。丸山真男指出，孫中山在引進西方民主主義時，善於運用傳統文化的因素來解釋三民主義的革命理論，他採用了兩個手法，一個是順的，一個是逆的。順的手法主要是把民權思想追溯到堯舜孔孟，能使人民易於理解和接受，但這個手法同時也會弱化人民對三民主義革命性的認識。逆的手法的一個典型，就是把皇帝思想反過來用作解釋民權，以「四萬萬人都是皇帝」來比喻「人民主權」，這在嚮往皇帝權的文化風土中是通俗易懂的，在一定程度上能有助於理解民權，但難以斷絕皇帝思想舊弊的延續。在逆的手法之中，最有價

36　丸山真男：〈福沢に於ける秩序と人間〉，《丸山真男集》，第2卷（東京：岩波書店，1996年），頁220。

37　丸山真男：〈孫文と政治教育〉，《丸山真男集 別集》，第1卷（東京：岩波書店，2014年），頁88、90。

值之例就是把「知易行難」的傳統觀念逆轉為「行易知難」的相反命題。[38]在此主要考察他逆的手法的這兩個典型。

第一，先考察關於皇帝思想的脈絡性轉換。正如前面已述，「家天下」的君主專制傳統造出了一種陋習，就是有大志者多想做皇帝，把革命看作改朝換姓的機會，這無疑阻礙著實現民權和走向共和。孫中山試圖通過建立共和政體來杜絕這些舊弊，同時告誡人們要去除皇帝思想。但這個傳統觀念根深蒂固，認為推翻舊政權就是改朝換代爭當皇帝的想法，幾乎成了草莽起義的一種思維習慣。孫中山指出：

> 中國歷史常是一治一亂，當亂的時候，總是爭皇帝。外國嘗有因宗教而戰、自由而戰的，但中國幾千年以來所戰的都是皇帝一個問題。……現在共和成立了，但是還有想做皇帝的，像南方的陳炯明是想做皇帝的，北方的曹錕也是想做皇帝的，廣西的陸榮廷是不是想做皇帝呢？此外還更有不知多少人，都是想要做皇帝的。[39]

但中國的問題不僅僅是大志者具有強烈的皇帝志向，而且是民眾極其缺乏參與政治的主體意識，這兩個方面的傾向結合成一對頑固的習性。為克服這種狀況，孫中山採取了用「民權」觀念對皇帝思想進行脈絡性轉換的方法。他說：「共和國家成立以後，是用誰來做皇帝呢？是用人民來做皇帝，用四萬萬人來做皇帝」。[40]也就是說，他在嚮往當皇帝的土壤中植入了「民權」觀念，試圖通過用四萬萬人民當皇帝來取代一家一姓當皇

38 同前注，頁104-112。

39 孫中山：《三民主義十六講》，頁147。

40 同前注，頁146。

帝，一方面使四萬萬人民理解自己都是主權者，另一方面克服一人凌駕萬人的皇帝思想。就是這樣嘗試著把消極因素轉化為積極因素，但其也有負面效果，就是難以斷絕皇帝思想。

孫中山的這種把皇帝思想逆轉的手法，同時也延伸於應對另一個問題，那就是如何讓人民去做那四萬萬的皇帝？如何才能恰當地運用好「民權」？當時中華民國需要一個有能力、高效率的政府，另一方面又要把政權交給人民掌握，這本身是一個兩難的問題。這種問題即便在富有民權經驗的西方國家也是一種苦惱，更何況在中國民眾缺乏公共關懷和自治能力的狀況下。孫中山引用了美國關於民權研究的新學說，指出：「現在講民權的國家，最怕的是得到了一個萬能政府，人民沒有方法去節制他；最好的是得到一個萬能政府，完全歸人民使用，為人民謀幸福」。他還談到了一個普遍現象，「在民權發達的國家，多數的政府都是無能的；民權不發達的國家，政府多是有能的。」並介紹了一位瑞士學者所指出的問題：「各國自實行了民權以後，政府的能力便行退化。」這位瑞士學者針對此流弊，「主張人民要改變對於政府的態度」。[41]但具體怎樣改變，西方還未找出方法。

針對中外「民權」遇到的這些問題，孫中山構思了一個把「權」與「能」分開的方法，[42]這也可以說是一個重要的發明。但這裡存在著二律背反的難題：要讓「權」與「能」分離，就要承認人是不平等的，但「民權主義」又必須承認人是平等的。孫中山通過把平等設定在政治地位上來解決這個難題，他首先承認人有聖、賢、才、智、平、庸、愚、劣的

41 同前注，頁197-198。

42 同前注，頁199。

區別，但認為在政治地位上人人都應該是平等的。[43]根據各人天賦的聰明才力，他把人具體地區分為「先知先覺」、「後知後覺」、「不知不覺」三種。[44]他用《三國演義》中的諸葛亮和劉備的兒子阿斗為例，來解釋「權」與「能」分離的可能性。

> 諸葛亮是有能沒有權的，阿斗是有權沒有能的。阿斗雖然沒有能，但是把甚麼政事都付託到諸葛亮去做；諸葛亮很有能，所以在西蜀能夠成立很好的政府，……用諸葛亮和阿斗兩個人比較，我們便知道權和能的分別。……現在成立共和政體，以民為主，大家試看這四萬萬人是哪一類的人呢？這四萬萬人當然不能都是先知先覺的人，多數的人也不是後知後覺的人，大多數都是不知不覺的人。……中國現在有四萬萬個阿斗，人人都是很有權的。阿斗本是無能的，但是諸葛亮有能，……現在歐美人民反對有能的政府，瑞士學者要挽救這種流弊，主張人民改變態度，不可反對有能的政府。但是改變了態度以後，究竟是用什麼辦法呢？他們還沒有發明。我現在所發明的，是要權與能分開，人民對於政府的態度才可以改變。如果權與能不分開，人民對於政府的態度總是不能改變。[45]

孫中山參考了歐美關於人民反對有能政府的現象的反思，一方面從中華民國確保一個有能力的政府的觀點出發，他贊同瑞士學者主張人民需改變態度的看法，但另一方面又注重確保「民權」的行使，所以主張把

---

43 同前注，頁163。

44 同前注，頁199。

45 同前注，頁202-203。

「權」從「能」中分離出來，認為只有在這個前提下，人民才可以改變對政府的態度。那麼，所謂「四萬萬個阿斗」的「民權」實際上怎樣才能行使呢？又怎樣才能取得「民權」與政府能力的平衡呢？對此，孫中山活用了中國皇帝對官僚具有任命和罷免的絕對權力的傳統，來解釋「民權」的行使。他指出：

> 我們現在行民權，四萬萬人都是皇帝，就是有四萬萬個阿斗，這些阿斗當然是應該歡迎諸葛亮來管理政事，做國家的大事業。……我們要不蹈歐美的覆轍，便應該要照我所發明的學理，要把權和能劃分清楚。人民分開了權與能，才不致反對政府，政府才可以望發展。……如果政府是好的，我們四萬萬人便把他當作諸葛亮，把國家的全權都交給他們；如果政府是不好的，我們四萬萬人可以實行皇帝的職權，罷免他們，收回國家的大權。[46]

孫中山相信，在中國要分開權與能是比較容易的，因為中國有阿斗和諸葛亮的先例可援。確實也可以說，活用這種傳統經驗來推進民權，對於中國人來說是通俗易懂的。把全體人民奉為皇帝，也許真能使人民感覺到自己有權，同時也能安心地把國家付託給有能的政府。但是這種邏輯也有盲點，用阿斗和諸葛亮的關係來比擬民權，在原理上與民權主義並不相符。在中國的實踐中，甚至還有可能沿襲傳統政治裡人民為「子」為「徒」的負面習俗，人民有可能會繼續期待好的「父母官」來統治。而且，正如舊有的「民本」被「官本」所取代那樣，「主權在民」也會因「權」與「能」的分離而重新被「主權在官」所取代，欲突破「民本」卻

46 同前注，頁205-206。

又難免退回到「民本」的傳統框架內，其結果反而難以培養起主體精神和自治能力。有些日本學者甚至認為孫中山這是放棄了民主主義，承襲了中國的愚民主義。[47]若是光從上述角度看問題，也許孫中山難免於愚民主義的責難。但他在推行民權中所遇到的困境，正反映了在傳統政治的土壤中植入西方民主時的各種矛盾。

儘管現實中遭遇到在傳統政治「相位」中推行民權的困境，但也有一些改革者從不同的觀點來謀求突破。比如，嚴復在現狀認識中是承認中國民品尚劣、民智尚低的，但他並沒有以「不知不覺」作為前提來認識人民，而是要盡量使更多的人民變成有自覺的、有能力的人。他主張「自由為體，民主為用」，就是要立足於人民自由精神的確立，在提高民智、民德、民力方面下工夫。當然，這個方策需要一個漸進的、長期的努力過程，嚴復就是把之作為緊急而又長期的課題。但是，作為「實行家」的孫中山卻要考慮如何在當前實行「民權」，因而發明了「權」與「能」分離的方法。

第二，考察孫中山對傳統的「知易行難」論的脈絡性轉換。從1917年起，孫中山花了好幾年撰寫《建國方略》，開首第一章便闡述「心理建設」，所謂「心理建設」是為了打破畏首畏尾的自我束縛，樹立一種敢於實行的心理。他認為民國成立之後之所以不能進而推行三民主義，展開民生事業，反而事與願違，甚至比前清專制時期更加民不聊生，這主要是因為革命黨人對革命缺乏堅定的信念，產生了懷疑和動搖，以致於無所作為。他把其心理原因追溯到「知易行難」的傳統觀念，指出：「革命黨之心理，於成功之始，則被『知之非艱，行之惟艱』之說所奴。」[48]他從欽

47　橫山宏章：《中国の愚民主義——「賢人支配」の100年》（東京：平凡社，2014年），頁21-96。

48　孫中山：《建國方略》，頁783。

食、用錢、作文等貼近人們實感之事談起，再論到建屋、造船、築城、開河、電學、化學、進化等社會事業，通過大量事例論證了「知易行難」的觀念不符合真理。

孫中山把中國和日本的變革運動作了比較，指出：「中國習俗去古已遠，暮氣太深，顧慮之念，畏難之心，較新進文明之人為尤甚」。「日本之維新，多賴冒險精神，不先求知而行之」，「中國之變法，必先求知而後行，而知永不能得，則行永無其期也」。關於王陽明的「知行合一」之說，他認為如果是「指一時代一事業而言，則甚為適當；然陽明乃合知行於一人之身，則殊不通於今日矣」。在科學時代的實踐中，「知」和「行」已成一種分工，「知者不必自行，行者不必自知」。而且隨著科學的發展，「知」本身還細分為各種專業領域。他用分工論，同時論證了「知」比「行」難，進而打破傳統觀念，提出「行易知難」的相反命題。[49]

孫中山把「知」和「行」的分工在人群中的體現區分成三類，並分析了人們的誤解如何阻礙這些分工的體現和三民主義的實行。他說：

> 以人言之，則有三系焉：其一先知先覺者，為創造發明；其二後知後覺者，為仿效推行；其三不知不覺者，為竭力樂成。……乃後世之人，誤於「知之非艱」之說，雖有先知先覺者之發明，而後知後覺者每以為知之易而忽略之，不獨不為之仿效推行，且目之為理想難行，於是不知不覺者則無由為竭力樂成矣。[50]

為了排除傳統觀念造成的這種心理障礙，他又進而強調「行易」之

49 同前注，頁822。

50 同前注，頁825。

說。其根據是在當今科學昌明的時代，「知之則必能行，知之則更能行」。有先知先覺者做科學的發明創造，實行就不難了。[51]「行易」說的目的很明確，就是為了讓革命黨人拋棄陳腐的舊觀念，克服畏首畏尾的心理障礙，勇於實踐革命的理論。

但是，這並不意味著孫中山要求革命黨人不知而行盲目冒進，「行易」說與「知難」說是緊密關聯的。他在主張「行之易」時，必同時強調「知之難」，這個特徵也是很明顯的。他說：「天下事惟患於不能知耳。倘能由科學之理則以求得其真知，則行之決無所難」。在他所區分的三類人群中，先知先覺者是「發明家」，後知後覺者是「鼓吹家」，不知不覺者是「實行家」，他認為「中國不患無實行家，蓋林林總總者皆是也」。可是，「一國之經營建設所難得者，非實行家也，乃理想家、計劃家也」。遺憾的是，「中國之後知後覺者，皆重實行而輕理想矣」。比如化學，他們只崇拜三家村之豆腐公，而輕視裴在輅、巴斯德等宿學。[52]中國人因受「知易」說的誤導，不重視科學的研究和發明，致使人們的認識水平停留於豆腐公的層次，國民的文化素質難以提高。正因如此，他又反過來強調說：

> 當今科學昌明之世，凡造作事物者，必先求知而後乃敢從事於行。所以然者，蓋欲免錯誤而防費時失事，以冀收事半功倍之效也。是故凡能從知識而構成意像，從意像而生出條理，本條理而籌備計劃，按計劃而用功夫，則無論其事物如何精妙、工程如何浩大，無不指日可以樂成者也。[53]

---

51 同前注。

52 同前注，頁827。

53 同前注，頁828。

丸山真男對「行易知難」論的創造給予了很高的評價，他說孫中山指出了「『知易』觀念讓人們失去了認真地科學地探討新事物的精神，讓人們非常簡單地滿足於舊有的傳統思想而失去旺盛的求知欲，這是中國社會數千年停滯的原因。『行難』觀念又讓人陷入怠惰，不欲實行變革的實踐，安於萬事遵循傳統舊習，這也是中國社會停滯的重要原因」。孫中山針對這倆方面的問題，提出了「行易知難」的革命原則，一方面以「知難」說告訴人們，要科學地把握對象、科學地把握三民主義是非常困難的，期待人們能掌握理解事物的科學邏輯方法。另方面倡導「行易」說，讓人們更容易也更積極地投身於革命行動。他通過逆轉傳統觀念的手法，「既燃起人們對革命理論的關心，同時又動員起革命的能源」。[54]

最後作為第三，本文擬考察政治制度上的文化受容、傳承及其轉換和創造。在探索民主憲政在中國紮根的實踐中，孫中山除了要通過「訓政」培養人民的自治能力之外，還在制度上探索保障民權的方法。他大膽地導入西洋的民主制，但又沒有原原本本地照搬，而是同時用心觀察世界民權發展的歷史與現狀，分析民權在發展過程中存在著的流弊，並注目於最先進國家的反思和經驗。通過考察分析，他認識到世界上的民主國家也難免於兩種傾向，或偏於政府集權而使民權受壓抑，或民權走向極端而導致暴民政治，這些流弊本身都是民權的障礙。他介紹了美國政治學的新看法，「最怕的是有了一個萬能政府，人民不能管理；最希望的是要一個萬能政府，為人民使用，以謀人民幸福」。[55]萬能政府是人們最怕的，又是最希望要的，這是一個難以解決的矛盾。

孫中山所探求的合理狀態是，一方面能保障人民主權，即人民能真正

54　丸山真男：〈孫文と政治教育〉，頁112。

55　同前注，頁227。

參與政治和使政府服務於人民；另一方面又能保障政府的健全有效的政策和政務。為此他注目於權力制衡方法的運用，提出「四項民權」和創立「五權分立」的憲法，這是他在制度建設中的一大獨創。在闡述其權力制衡的構思時，他在大框架上把政治區分為「政權」和「治權」。「政權」是指民權，是人民管理政府的力量；「治權」是指政府權，是政府自身的力量。[56]

先看人民方面的「政權」。孫中山指出在現今世界上民權發達的國家中，人民實際上能得到的不過是選舉和被選舉權，這還不足以防止民權受壓的流弊。他較早時就曾介紹過一些先進民主國家在民權方面的發明。

> 繼美國之成文憲法，青出於藍而勝於藍者，則有瑞士之憲法也。美國之憲法雖以民權為宗，然猶是代表之政治，而國民只得選舉之權而已。而瑞士之憲法，則直接以行民政，國民有選舉之權，有複決之權，有創制之權，有罷官之權。……此所謂四大民權也。[57]

後來又把這四大民權評價為世界上的最新發明，對其內容和意義作了具體說明。第一是「選舉權」，先進的民權國家普遍只實行這一個民權，他認為這是不夠的，因為只實行這一個民權，就好比「只有把機器推到前進的力，沒有拉回來的力」。第二個是「罷免權」，「人民有了這個權，便有拉回來的力」。第三個是「創制權」，人民發現有好的法律，便可以決定交給政府去執行。第四個是「複決權」，人民發現有不好的舊法律，便可以決定對其進行修改和廢止。瑞士已實行了除「罷免權」以外的

---

56 孫中山：《三民主義十六講》，頁221-222。

57 孫中山：〈論三民主義〉，頁41。

三權，美國有四分之一的省份已經實行了這四權。這些實驗已證實是成效很好的，所以他主張中國採用這「四項民權」。[58]

再看政府方面的「治權」。孫中山正因為要採用西洋先進的民主制，所以同時仔細觀察這些制度的缺點。他很早就意識到其有不足，並思考對其補救的辦法。在1916年他就說過：

> 現今世界各文明國，大都三權鼎立。其實三權鼎立，雖有利益，亦有許多弊害，故鄙人於十年前即主張五權分立。何謂五權分立？蓋除立法、司法、行政外，加入彈劾、考試二種是已。此二種制度，在我國並非新法，古時已有此制，良法美意，實足為近世各國模範。[59]

可見孫中山在1906年就已認識到，在權力制衡方面，西方國家的三權分立存在著不足之處，並考慮到要發掘中國傳統中的良好因素來補救。因為他認為，在對政府實行監察方面，現代民主國家的彈劾權只放在立法權之內，不能成為獨立的治權。在選拔人才方面，現代民主國家主要採取任命和選舉方式，任命權常被政黨所把持，真正的人才反被埋沒。光靠選舉，也會忽視人才的真實學問。為救其流弊，他提出活用中國古代政治制度中有價值的經驗。他指出中國古代的皇帝只掌握了司法、立法、行政三權，其餘監察權和考試權還是獨立的。「監察權」在古代是諫議大夫或御史對統治者的彈劾權，「考試權」是選拔人才的機制，兩者都獨立於皇權之外。當然，他認為中國古代的君權獨攬司法、立法、行政三權，有很大

58　孫中山：《三民主義十六講》，頁226、228-229。

59　孫中山：〈以五權分立救三權鼎立之弊〉，收入孫中山研究學會編：《孫中山文集》，上冊，頁523。

的流弊。所以主張「集合中外的精華，防止一切流弊」，積極採用西洋國家的三權分立先進制度，同時又加入中國的「考試權」和「監察權」，構成五權分立。[60]他由此提出的「五權憲法」，是學習西洋與活用傳統的一個互補性的創新。

古代中國的彈劾權是以儒家的「民本」原則來制約統治者，考試制度是採用儒家修養的最優秀者來充當輔佐皇帝的官吏。孫中山把之活用於「五權分立」，實際上已把彈劾的原則轉換成以人民意志為根據，把考試的標準轉換成現代的科學知識和公職倫理。彈劾權的獨立，使國政和公務員成為被彈劾的對象；考試權的獨立，在人才選拔上，對於防止政黨的把持或行政上的私用能產生效力，並能在任命和選舉之外給人民提供憑能力競爭的機會。孫中山還特別提到「考試權」同時可以抑制中國人的陋習，他說：「吾國人最喜作官，不問其學問如何，群趨於官之一途，……有考試制度以限之，則國人之幸進心亦可稍稍斂抑」。[61]不過，「五權憲法」的構想也許還有一些盲點。比如，在「監察權」獨立於民選的立法院的條件下，其彈劾的原則如何防止被民選領域之外的、特殊的意識形態所取代？如何確保其權力制衡的健全作用？中國後來出現過「黨國」的結構，也給我們提供了一些暗示。在繼承中國歷史上對統治者的監察和尊賢任能的優良傳統方面，孫中山還給我們留下了繼續探索和創造的可能性。

60 孫中山：《三民主義十六講》，頁228-230。

61 孫中山：〈以五權分立救三權鼎立之弊〉，頁523-524。

五、結語

通過以上考察可知，孫中山的革命實踐在跨文化的空間和跨歷史的時間中，不僅對西洋的近代民主作了反思性的引進，而且對中國傳統政治作了改造性的繼承。他對各種思想智慧的脈絡性轉換和創造，體現了西洋文化和中國文化的交鋒和互補的關係。他的傑出貢獻給後世提供了很多寶貴的智慧，也留下了一些盲點，這些在今日中國都依然具有啟迪性價值。

「民權主義」對於中國無疑是前所未有的探索和實踐，對於富有民主經驗的西方國家也是充滿困難和苦惱的。法國的心理學家鳩斯塔夫・魯・波恩（Gustave Le Bon）曾在1895年寫了題為《群眾心理》的著作，對19世紀末的民主主義時代作了考察，分析群眾的感情與德性，闡述以下幾個特點：「衝動的、容易動搖、容易昂奮的性質」；「易於接受暗示、對事物容易輕信的性質」；「感情誇張和單純、容易走極端」；「偏狹、橫暴、保守的傾向」；「具有超出於個人的、群眾性的、富於實行勇於犧牲、無私無畏的行動的德性」。[62]魯・波恩的這些分析，對於世界已進入由群眾推動歷史發展的時代，思考如何使民主主義健全發展，是有重要啟發的。

嚴復曾翻譯孟德斯鳩的《法意》，不僅注重孟德斯鳩有關政體的分類和機能，而且注重其關於「治制」與「精神」之關係的論述。譯文闡述了「治制有形質，有精神」。「形質」乃政體本身的性質和結構，「精神」乃支撐和驅動政體機能的人的智德因素。如果精神腐敗了，「治制」便不能正常發揮機能。特別強調說「民主之國，非有一物為之大命則

---

62 ギュスターヴ・ル・ボン（Gustave Le Bon）著，櫻井成夫譯 ：《群衆心理》，第2章（東京：講談社学術文庫，1993年）。

不行，道德是已」。[63]嚴復一生強調提高人民的智、德、力水平，讓人民具有自由的理性與智慧。丸山真男一生強調要樹立「獨立自尊」精神，即個人的自由和自主人格精神，認為只有這樣才能使人民成為真正能參與秩序建設的人。[64]這些智德精神都是保證「民權」的重要條件。

孫中山雖比較注重具體的實行與制度，但他在根本上也是期待人民提高智德水平的，而且主張「固有的智能也應該恢復起來」。他指出：

> 就人生對於國家的觀念，中國古代有很好的政治哲學。……中國有一段最有系統的政治哲學，在外國的大政治家還沒有見到，還沒有說得那麼清楚，就是《大學》中所說的「格物、致知、誠意、正心、修身、齊家、治國、平天下」那一段話。把一個人從內發揚到外，由一個人的內部做起，推到平天下為止。[65]

他提倡恢復固有的智能，並不僅僅是面向「先知先覺」者的，也是面向一般人民的。這也許說明了，在民主制下需要儒家的道統，也只有在民主制下才能實現儒家的道統。為了讓這些精神與德性真正植入民心，對傳統文化結構的「相位」進行解構和重構，也許依然是今日的課題。

---

63 孟德斯鳩（Montesquieu）著，嚴復譯：《孟德斯鳩法意》，頁28-29。

64 丸山真男：〈福沢に於ける秩序と人間〉，頁220。

65 孫中山：《三民主義十六講》，頁123。

3

孫中山民主共和思想再考

以宮崎滔天《三十三年之夢》與章士釗《孫逸仙》為線索

川尻文彥
愛知縣立大學外國語學部中國學科副教授

本文在「儒家道統與民主共和」此共通主題下，目的為再次探討清末時期為主的孫中山民主共和思想。有關孫中山思想研究已不勝枚舉，而且清末時期的孫中山也少有完整之思想著作，因此在研究過程中備感困難。然而，本文著眼於探討孫中山的民主共和思想之發展，意即發掘稱為「研究空白」之部分。這是有關宮崎滔天的《三十三年之夢》與孫中山的問題。

一

首先，筆者想先以既有的研究為基礎，一窺孫中山民主共和思想的發展。[1]1894年11月，孫中山於夏威夷成立興中會，提出「驅除韃虜，恢復中國，創立合眾政府」之綱領。這個綱領在孫中山其生涯當中經常提到。所謂的合眾政府為模仿美國的民主共和政府。通常來說，孫中山的民主共和思想即被認為由此展開。

隔年（1895年），孫中山計畫發動廣州起義，他與日本的駐香港領事中川恆次郎會面，請求提供武器支援。根據中川恆次郎給原敬通商局長的報告書，孫中山本次起義目的在於使兩廣（廣東、廣西）獨立並建立共和國，並以該長為總統。[2]孫中山所說的英語「republic」，日本人視為是共和國。

同一時期，孫中山製作並發送名為《原君原臣》的革命手冊，這是從黃宗羲《明夷待訪錄》當中，所選出的兩篇文章。

1　熊月之：《中國近代民主思想史》（上海：上海社會科學院出版社，2002年修訂本）。

2　原敬文書研究會編：《原敬関係文書》，第2卷（東京：日本放送出版協會，1984年），頁392、396。陳錫祺編：《孫中山年譜長編》（北京：中華書局，1991年），頁81-82。

1896年孫中山在倫敦遭幽禁於清朝使館。1897年8月，孫中山來到日本，於9月上旬到橫濱拜訪宮崎滔天。這段經過即是在宮崎滔天的《三十三年之夢》中，孫中山與宮崎滔天見的場景，也是該書的一大亮點。孫中山在此首度較為詳細地談到有關共和。

然而，事實上，孫中山在其前半生當中，很少提及共和國；具體上孫中山對共和國抱有何種構想，也是不得而知。到了1905年成立中國同盟會，孫中山的民主共和思想全貌才終於變得明確，如此一說也非言過其詞。在此之前，孫中山可說是「無名之士」。

二

在中國人世界中，孫中山長久以來皆默默無名。孫中山他那與科舉菁英無緣的邊緣性出身似乎也有所影響。相較之下，擁有考取科舉稱號的康有為等人，即使在流亡日本期間，也被尊為學者受到禮遇。孫中山曾被視為「江洋草莽大盜」之徒，也有人將孫文之名加上三點水部首，貶稱其為「孫汶」，這段軼聞也廣為人知。

國際上作為介紹孫中山的資料，也只有1897年的英文著作《倫敦蒙難記》（英語：*Kidnapped in London*）。宮崎滔天將本書翻成日文，以滔天坊為筆名翻譯成《清國革命黨領袖孫逸仙幽囚錄》（1898年5月10日到7月16日連載於玄洋社發行的報紙《九州日報》），但《九州日報》為地方性報紙，故譯作流通有限。《倫敦蒙難記》出版中譯本的時候，也是進入中華民國時期的事了。[3]話說起來，在當時中國人世界中，有關孫中山的資訊一切皆無。而填補這段「孫文資訊」空白的，則有宮崎滔天的《三十三

3　孫逸仙著，甘永龍編譯：《倫敦被難記》（上海：商務印書館，1912年）。

年之夢》。在本書當中介紹了孫中山的生平來歷或是思想，使得孫中山在中國人世界的知名度大幅上升。但是，這本《三十三年之夢》或是章士釗中譯的《孫逸仙》卻未能對迄今為止的孫中山研究增添詳細分析。[4]

這本《三十三年之夢》對宮崎滔天而言是代表作之一[5]，也使宮崎滔天之名不論在中國或日本皆廣為人知。《三十三年之夢》連載於《二六新報》的1066號（1902年1月31日）至1301號（1902年6月14日），共計123回。連載結束後，於同年（1902年）8月20日，由國光書房發行單行本，之後多次再版，成為暢銷作品。書名的「三十三年」係指明治三十三年，並非指宮崎滔天33歲。

現今，《三十三年之夢》雖被視為描寫日本的大陸浪人對中國革命支援的作品，但事實上並非如此，這本書原本是宮崎滔天由支援革命轉行當浪曲師，以此為契機所寫下的作品，也有其登台表演時的宣傳之意。關於宮崎滔天改當浪曲師的動機，似乎是因惠州起義失敗所帶給他的影響。上村希美雄認為，這本書「並非只是宮崎滔天做為其前半生之懺悔所寫下的，而是代替其宣告不再當革命志士，轉而投入浪花曲的一部作品。」[6]

---

4 有關專題論文只有寇振鋒：〈『三十三年の夢』の漢訳本『孫逸仙』について〉，《言語文化研究叢書》，8（名古屋：名古屋大學大學院言語文化研究科，2009年）。

5 據宮崎的長男宮崎龍介說，《三十三年之夢》以前發表的《狂人譚》（《二六新報》報上連載）更精彩，表現宮崎本人的風格。近藤秀樹：〈明治の侠気と昭和の狂 〉，《宮崎滔天・北一輝》（東京：中央公論社，1984年），頁25。

6 上村希美雄：《宮崎兄弟伝・アジア編 中》（東京：葦書房，1996年），頁65。

三

孫中山寫給《三十三年之夢》的中文序中提到：

「聞吾人有再造支那之謀，創興共和之舉，不遠千里，相來訂交。」[7]

這段序文紀錄了宮崎滔天聽聞孫中山有「再造支那之謀」與「創興共和之舉」，於是遠道而來拜訪，兩人結為摯友。

在《三十三年之夢》第17章「興中會領袖孫逸仙」中，寫到了以下內容，這是宮崎滔天與孫文會面的場景。

對於宮崎滔天問到革命的主旨與方法手段（宮崎滔天稱之為「支那革命主義」），孫中山談起了共和。

孫君徐言曰：「余以人群自治為政治之極則，故於政治之精神執共和主義。夫共和主義，豈平手而可得，余以此一事，而直有革命之責任也。」

（《孫逸仙》，頁82）

「人或云共和政體不適支那之野蠻國，此不諒情勢之言耳。共和者我國治世之神髓，先哲之遺業也。我國民之論古者，莫不傾慕三代之治。不知三代之治，實能得共和之神髓而行之者也。」

（《孫逸仙》，頁83）

這段話是首度論述到關於孫中山的政治思想之內容。而使用「共

7　章士釗：〈孫逸仙〉，收入章含之、白吉庵主編：《章士釗全集》，第1卷（上海：文匯出版社，2000年），頁77。以下的引用來自此書。

和」此一不甚熟悉的詞彙也備受注目。再者，在評論三代之治與共和之共通性部分，多次使用傳統儒學作為譬喻，可說是具有孫中山之風格。

再者，孫中山等人稱康有為一派為「變節漢，酷憎惡其舉動，換其擲共和而降於夷王故也」（《孫逸仙》，頁87），孫中山將「共和主義」視為區隔孫黨與康黨之別。

孫中山與宮崎滔天用筆談方式對話，當時的筆談紀錄紙留在宮崎家中。原本留下了許多筆談紀錄，但是在戰爭局勢混沌當中遺失了不少。有關1897年兩人會面的場景留下了一部分的紀錄紙，但是前面引述談到共和之部分，則已不存在。[8]

宮崎滔天的《三十三年之夢》是如何寫下的？探討本書作為文獻的信賴度等，則是今後的課題。但是，孫中山談到了「共和」，並用完整架構論述，這一點應予以注目。

四

就當時而言，《三十三年之夢》異常迅速地發行了數種中譯版本。在這些中譯本當中，最早出版且流通最廣的是章士釗（1881-1973）的中譯本《孫逸仙》。其他相對流通的中譯版本則是金一（金松岑，1874-1947）所翻譯的全書中譯《三十三年落花夢》，於1904年1月由上海國學社出版。

為何章士釗會翻譯《三十三年之夢》？

1903年是章太炎的《駁康有為論革命書》、鄒容的《革命軍》、陳天

8　〈筆談残稿〉，收入宮崎龍介、小野川秀美編：《宮崎滔天全集》，第5卷（東京：平凡社，1971年）。田所竹彥：《浪人と革命家——宮崎滔天・孫文たちの日々》（東京：里文出版，2002年），頁89。

華的《猛回頭》與《警世鐘》等革命宣傳書籍相繼出版的一年。章士釗的中譯本《孫逸仙》則於同年8月由東大陸圖書譯印局出版發行。

當時，章士釗與章太炎、張繼、鄒容等人策畫推翻滿清，鄒容經常拜訪章士釗的住處。某天，鄒容說到，章太炎寫了《駁康有為論革命書》、鄒容著有《革命軍》、張繼著《無政府主義》，詢問章士釗有什麼樣的著作。章士釗覺得羞愧，於是利用其以前在江南陸師學堂學到的日語知識，編譯宮崎滔天的《三十三年之夢》，並以筆名黃中黃的名義出版。[9]章士釗從與孫中山往來的王慕陶處取得宮崎滔天的《三十三年之夢》。章士釗在王慕陶處看到孫中山寫給王慕陶的信件字跡，認為孫中山並非清廷所稱的「江洋草莽大盜」之徒，並感受到孫中山學識的確實之處。

章士釗對孫中山的評價極高，在《孫逸仙》的自序中還盛讚孫中山「近今談年革命者之初祖，實行革命者之北辰」、「談興中國者，不可脫離孫逸仙三字」。此外，章太炎或秦力山也為此書寫序，將孫中山視為有如超越鄭成功或洪秀全的中國新領袖。

就翻譯水準而言，就如同章士釗本人也自認為「一知半解之日文知識」[10]，章士釗的日語能力有問題，誤譯之處也不在少數。由於不具有將日語翻譯成嫻熟中文之語言能力，因此在中譯當中就直接使用共和、民主等和製漢語。雖然是段有名的故事，孫文現今被稱為孫中山，也是因為在《孫逸仙》的誤譯之故。章士釗翻譯《孫逸仙》時，將孫文的本姓與中山樵（孫文的日文化名）連用，翻譯成「孫中山」，似乎是未發現到中山是

9 章士釗：〈孤桐雜記〉，《甲寅週刊》第1號第4卷（1925年8月8日），收入章含之、白吉庵主編：《章士釗全集》，第5卷。

10 章士釗：〈疏《黃帝魂》〉，《辛亥革命回憶錄》，第1冊（北京：中華書局，1961年），頁243。

日本姓的樣子。

宮崎滔天《三十三年之夢》的另一個中譯本，是金一（金松岑，1874-1947）翻譯的《三十三年落花夢》，此為中譯全書，民國以後眾多出版的《三十三年之夢》中譯本，大多為金一版的改編本。但是，這本《三十三年落花夢》翻譯錯誤與缺漏之處不少，稱不上是可信賴的中譯本。意即，直到進入1980年代，香港林啟彥的中譯本[11]出現之前，並不存在《三十三年之夢》的正確中譯本，因此在此領域得研究進展可說是阻礙重重。

五

章士釗翻譯的《孫逸仙》當時十分受到歡迎。同年（1903年）黃藻抄錄了《孫逸仙》第一章大部分的內容，並以「孫逸仙與白浪花滔天之革命談」為題，收錄在《黃帝魂》中，1906年另由其他出版社古今圖書書局再版之。

筆者試著將《三十三年之夢》與《孫逸仙》的章節安排對照如下。

《孫逸仙》的章節安排如下：章太炎序、（章士釗）自序、秦序、孫君原序、宮崎滔天原自序、第一章孫逸仙之略歷及其革命談判、第二章黨與康黨、第三章南洋之風雲與吾黨之組織、第四章南征之變動及惠州事件。

前述《孫逸仙》的章節是對應宮崎滔天《三十三年之夢》以下各章為中心所翻譯的內容：第16章再入夢想中的鄉國、第17章興中會首領孫中山、第18章外行外交家、第19章康有為到日本、第20章南洋的風雲和我黨

---

11 宮崎滔天著，林啟彥譯注：《三十三年之夢》（廣西：廣西師範大學出版社，2011年）。

的活動、第21章形勢逆轉、第22章大舉南征、第23章新加坡入獄、第24章大本營（在「佐渡丸號」船中）、第25章運籌擘劃悉皆失敗、第27章惠州事件。以份量來說，大約是壓縮到五分之一的篇幅。

將兩邊目次對照，乍看之下《孫逸仙》的主角是孫中山，內容為描述其革命鬥爭史。意即，《孫逸仙》將宮崎滔天帶有自傳色彩的《三十三年之夢》，透過章士釗翻譯，轉化成孫中山初期革命鬥爭史的面貌。[12]做為宣傳孫中山革命思想之「孫文傳」，具有重大意義。《孫逸仙》變成帶有宣傳革命的「孫文傳」之色彩。同時，立憲派介紹之部分也用了許多頁數篇幅，使讀者將革命派與立憲派（康有為、梁啟超等人）兩相對比，有助於襯托出身為革命派的孫中山之人物特質。就如同章士釗所意圖的，孫逸仙成為一種流行的「新名詞」。

章士釗本身也明確偏向孫中山，就如同章士釗所自序，他將孫中山比作劉邦，視孫中山的革命事業承繼鄭成功或是洪秀全。讀《孫逸仙》立刻就能發現，《三十三年之夢》為宮崎滔天自傳式小說之形式，主詞為第一人稱「余（我）」；相對於此，《孫逸仙》宮崎滔天則是用第三人稱。根據章士釗的〈凡例〉，該書原作近似於小說體裁，而且宮崎滔天為風雅之英雄，與留香女史或政子女史的藝者遊戲之部分，也是宮崎滔天所擅長的，於是就刪去這段內容。章士釗所言，《孫逸仙》為原作十分之四的份量，由於與譯者的主張不符，於是刪減的部分為與宮崎滔天有關的其他瑣碎內容。中譯書名為《孫逸仙》，也是出自於章士釗的主張，也是考量到原作中格外重要的部分（特別主腦）。原作當中有關康有為一派的詳細敘述，雖然是直接譯出，但也是為了要使孫康兩派互相對照，這是章士釗的

12 郭雙林：〈試論章士釗編訳的『孫逸仙』在清末革命宣伝中的地位和作用〉，《河南大學學報》（社會科學版）第40卷第2期（2000年3月），頁9。

意圖，他本人也在〈凡例〉提到此事（《孫逸仙》，頁79-80）。

再者，有批評指出，為了攻擊康有為等人的保皇派，於是章士釗不當改寫與削減原文，在中譯版之中極其貶低康有為一派的內容有好幾處。[13] 第一章孫逸仙之略歷及其革命談判的結尾，彰顯了發起反清復明運動的呂留良、曾靜、齊周華（原作當中並無此內容），之後，與原作的章節安排不同，第二章為孫黨與康黨，刻意將孫中山與康有為相互對照。這可能令人感受到貶低康有為的意圖。就筆者看來，宮崎滔天很自豪地描寫與「以草莽書生，感泣偽朝之殊遇」（《孫逸仙》，頁89）的康有為之間的交際往來，對康有為的評價絕非貶抑。而《孫逸仙》改變原作的調性，推崇孫中山，貶低康有為，這可視為章士釗有意圖之目的。（《三十三年之夢》與《孫逸仙》之中，有關於康有為一派的描寫之詳細譯文的對照作業，是筆者今後的課題。）

從上述事例來看，我們可知，章士釗意圖並非在於忠實抄譯《三十三年之夢》，而是將有關孫中山的部分摘錄成書，以「革命宣傳」為意圖來介紹孫中山。「非孫逸仙而能興中國也」（《孫逸仙》，頁76），從對孫中山極其讚許的章士釗自序中，即可明顯看出。但是，為何章士釗會如此熱衷推崇孫中山？似乎尚無直接證據顯示此動機。[14]或許可認為是在1902年以後，中國亡國紀念會（章士釗主辦，孫中山也署名）、成城學校事件等「革命」風潮高漲而致使如此。

1903年排俄運動之後，宣傳孫中山的書籍漸次出現。章士釗翻譯的《孫逸仙》、金一（松岑）翻譯的《三十三年落花夢》、田野桔次的

---

13 同前注，頁10-11。

14 鄒小站：《章士釗》（北京：團結出版社，2011年）；鐙屋一：《章士釗と近代中国政治史研究》（東京：芙蓉書房，2002年）等也沒有涉及到這點。

《最近支那命運動》或是《江蘇》、《大陸》、《警鐘日報》、《國民日日報》、《中國白話報》、《廣東日報》、《二十世紀大舞台》等，也相繼出現介紹孫中山革命宗旨或活動的報導。秦立山也在《孫逸仙》序文中讚賞孫中山。黃興則提到了在湖南讀了《孫逸仙》而知道孫中山。

鄒容（1885-1905）於1902年到1903年寫成的《革命軍》當中，強烈批評清廷，並以美國獨立宣言為根據，論述共和國建國法案。鄒容滿腔熱血的文章喚起了年輕人的共鳴。《革命軍》之後，在「革命」的風潮當中，宣傳民主共和的文章日益增加。「共和」一詞可說是成了流行語。

在美國的共和國創始者華盛頓形象之滲透[15]，可視為有助於令人具體想像「共和」的形象。

之後，孫中山於1903年7月至9月之間待在日本，著手進行留日學生組織化。接著於1905年7月再度來日，奔走成立中國同盟會。1903年之後，孫中山在留日學生中廣為人知，與各團體連結，發揮成立同盟會的組織能力。[16]

六

藉由《三十三年之夢》，宮崎滔天的知名度從留日學生之間開始提高。留學生雜誌《江蘇》第5號（1902年7月發行）的社論〈國民新靈魂〉中，將宮崎滔天與美國富蘭克林或是西鄉隆盛並列，稱讚宮崎滔天為

---

15 潘光哲：《華盛頓在中國——製作「國父」》（臺北：三民書局，2006年）。熊月之：〈華盛頓形象的中国解読及其辛亥革命的影響〉，收入鄭大華、鄒小站主編：《辛亥革命与清末民初思想》（北京：社會科學文獻出版社，2012年)。但是，像熊論文指出那樣，在近代中國的華盛頓形象絕不是單一的，有各種各樣的曲折。

16 桑兵：〈孫中山与留日学界〉，《孫中山的活動与思想》（廣州：中山大學出版社，2001年）。

「俠」之士；或者是讚美宮崎擁有遊俠精神，能與法國的治頓（Georges Jacques Danton）或羅伯斯比（Maximilien Robespierre）、義大利的加里波的（Giuseppe Garibaldi）或是俄國的巴枯寧（Mikhail Alexandrovich Bakunin）齊名。[17]這些都是《三十三年之夢》出版後隔月的事。

中國第一本戲劇雜誌《二十世紀大舞台》第2號（1904年11月，上海）所刊登的陳去病（佩忍）的〈日本大運動家名優宮崎寅藏傳〉，被視為中國第一篇的宮崎滔天傳記[18]，這篇文章感嘆宮崎滔天退隱於浪花曲藝，孫中山遠走西半球，在日本的革命運動停滯不前。

停留在日本的宋教仁，在《宋教仁日記（我之歷史）》1905年6月6日的日記中寫道：「偕申錦章至三崎町觀所謂三市場者，其狀況似書樓非書樓，似漁鼓非漁鼓，一婦人坐於左彈琴，一男子則做於正中，口中似唱非唱，時而喃喃，時而喲喲，不解其何為也。余與錦章坐觀片刻，即去。」[19]三市場是位在神田的寄席，剛到日本的宋教仁日語還聽不太懂，特地到寄席去聽浪花節的理由，大概是為了見宮崎滔天一面。當時，宮崎滔天的寄席有許多貌似中國留學生的人去聽。他們在幕後和宮崎滔天交談，目的是探詢孫中山的所在或動靜。他們或許是透過《孫逸仙》而認識了宮崎滔天或是孫中山。宋教仁也是這些人的其中之一。

到了隔月（1905年7月19日），宋教仁拜訪了為宮崎滔天位在內藤新宿的家，第一次與宮崎滔天見面同時，就立刻約好要介紹7月來日本的孫

---

17 壯遊：〈國民新靈魂〉，《江蘇》第5期（1903年），收入張枬、王忍之編：《辛亥革命前十年間時論選集》，第1卷，下冊（北京：生活・讀書・新知三聯書店，1960年），頁576。

18 楊天石：〈二十世紀大舞台〉，收入丁守和主編：《辛亥革命時期期刊介紹》，第1冊（北京：人民出版社，1982年）。

19 宋教仁：《宋教仁日記（我之歷史）》，收入郭漢民編：《宋教仁集》，第2冊（長沙：湖南人民出版社，2008年），頁661。

中山給宋教仁認識。之後宋教仁也與宮崎滔天持續密切往來。

結語

就如同眾所皆知，中國同盟會成立之時，揭示了共和體制之樹立為其綱領之一。[20]共和是革命派的口號，也是孫文的思想之核心。孫中山在東京飯田橋的富士見樓所發表的「東京留學生歡迎會演說」（1905年8月13日）中，談到了革命之必要，同時也熱切論述歐美的共和政治也能適用於中國。

孫中山是從何時開始抱有民主共和思想，並使之成熟？這是許多學者想問的問題，但由於史料不足，故尚未得到明確之結論。

本文得出了以下的結論。解開孫中山共和思想之發展的關鍵，在於宮崎滔天《三十三年之夢》當中，宮崎滔天與孫中山談論有關「革命主義」的場景，孫中山在此首次談到了「共和」。這本《三十三年之夢》透過章士釗所中譯而成的《孫逸仙》，讓孫中山的「共和」形象傳達到中國人世界。當時，章士釗並非忠於原著《三十三年之夢》翻譯，而是把內容敘述改為將多餘的部分刪減，使孫中山與康有為兩相對比，給孫中山極高評價。身為「革命者」同時也以「共和」為目標的孫中山，這本中譯本成為其形象滲透進中國人世界之契機。或許也可想像成，對於和中國同盟會成立相關的革命團體組織化，孫中山的「知名度」成為莫大助益。

20　胡漢民：〈《民報》的六大主義〉，《民報》第3號（1906年）。

4

孫中山與臺灣海峽兩岸民主共和

黃玫瑄
臺灣師範大學通識教育中心講師

一、前言

中日甲午戰爭後，雙方於1895年簽訂《馬關條約》，將臺灣及澎湖群島割讓給日本。臺灣人民對此重大政治決定極為悲憤與惶恐，為了救亡圖存，唐景崧、丘逢甲等臺灣官紳乃創建「臺灣民主國」（1895），並籌組義軍抗拒日本軍入侵，雖然抗日保臺最後失敗，但是已開啟臺灣漸朝向民主共和發展。孫中山推動中國革命運動，歷經十次革命起義失敗，最後武昌起義，推翻專制極權的滿清政府，創建「中華民國」（1911），使得中國漸朝向民主共和發展。

丘逢甲在抗日保臺失敗後，轉至廣東發展，從事教育工作，並參與中國政治改革，進而支持孫中山革命，共同推舉孫中山為「中華民國臨時大總統」。「臺灣民主國」後期的重要領導人劉永福，在抗日保臺失敗後，亦轉至廣東發展，一方面支持孫中山推動中國革命運動，另一方面也支持越南革命志士推動越南革命運動。由此可知，孫中山和唐景崧、丘逢甲、劉永福等人皆是早期推動臺灣海峽兩岸朝向民主共和發展的重要人物。

第二次世界大戰結束之後，臺灣於1945年10月25日脫離日本殖民統治，中華民國政府開始統治臺灣。1949年10月1日，毛澤東、朱德等在中國北京創建「中華人民共和國」。該年，蔣介石率領200萬軍民來臺，並將中華民國政府遷來臺灣，孫中山所創建的五權分立架構的中央政府體制，長期有效地在臺灣運作，使得民主共和制度在臺灣逐漸落實，且仍尊稱孫中山為「中華民國國父」。中華民國在臺灣，由中國國民黨和民主進步黨先後輪流執政，並進行多次修憲，使得臺灣的民主共和發展得以進一步落實與提升。

本文旨在探討孫中山與臺灣海峽兩岸民主共和，主要研究問題有二：一為「臺灣民主國」是如何創建的？丘逢甲和劉永福這兩位客家菁英是否支持與協助孫中山推動中國革命運動？二為孫中山如何創建「中華民國」，使中國漸朝向民主共和發展？中華民國在臺灣，又是如何推動臺灣的民主共和發展？本文所採取的研究途徑，以歷史研究途徑為主，政治學研究途徑為輔；至於本文所採用的研究方法則是以文獻分析法為主。本文的主要重點有二：一、「臺灣民主國」之創建與丘逢甲、劉永福等協助孫中山推動中國革命運動；先說明臺灣海峽兩岸的民主共和制度，再討論丘逢甲、臺灣乙未戰爭及民主共和制度，與劉永福、臺灣乙未戰爭及民主共和制度。二、孫中山創建「中華民國」與中華民國在臺灣的民主共和發展；先說明孫中山、中國革命運動及民主共和制度，再探究丘逢甲、謝逸橋、孫中山三者之客家關聯。簡言之，孫中山與臺灣海峽兩岸民主共和發展之關係，相當密切。

二、臺灣海峽兩岸的民主共和制度

關於臺灣海峽兩岸民主共和發展，是一個頗值得探討的問題。有關民本思想與民主政治之關係的論辯，根據政治學者周道濟、孫廣德、賀凌虛等之研究，民本思想是中國古已有之，但是民主思想則是源自西方國家，「以君為主」的民本思想，無法發展成為「以民為主」的民主思想。政治學者邱榮舉亦認為：民主不是中國古已有之，也非臺灣古已有之，而是源自於西方國家。

至於有關兩岸傳統文化中的所謂「德治傳統」，似與傳統文化中「四維」（禮、義、廉、恥）、「八德」（忠、孝、仁、愛、信、義、和、平），及「修身、齊家、治國、平天下」等有關聯，在當代社會中仍有參考之價值，因而筆者認為：臺灣海峽兩岸的民主共和制度，係源自於西方國家，在兩岸追求民主共和制度的當代社會中，傳統文化裏的所謂「德治傳統」，仍有參考之價值。

臺灣海峽兩岸的民主共和制度之初步形成，實屬近代之事。1894年發生中日甲午戰爭，丘逢甲曾在1895年的臺灣乙未戰爭中，為捍衛臺灣，並求臺灣人民的生存與發展，乃與唐景崧、劉永福等人創建「臺灣民主國」，臺灣首度有民主制度之出現。孫中山推動中國革命運動，歷經十次革命起義失敗後，於1911年武昌起義成功後，推翻滿清政府，創建「中華民國」，初步建立民主共和國。

丘逢甲在臺灣乙未戰爭失敗後，赴廣東發展，一方面辦新學救亡圖存，另一方面則是繼續從事政治活動，追求民主共和之理想。丘逢甲鼓吹與結合革命志士，例如：謝逸橋和謝良牧兄弟、鄒魯等。丘逢甲支持孫中山於1911年創建「中華民國」，進而推舉孫中山為「中華民國臨時大總統」。

劉永福在1895年的臺灣乙未戰爭中，共同抗日保臺失敗後，亦赴廣東發展，在廣州，劉永福一方面大力支持早期越南各主要政治派系領導人，從事抗法救國運動，另一方面也大力支持孫中山所領導的中國革命運動。

1949年10月1日，毛澤東、朱德等在中國北京創建「中華人民共和國」，它多少承繼了孫中山推動中國走向民主共和發展之精神與宏願。而1949年底起，中華民國在臺灣，繼續實施民主憲政，這對整個臺灣朝向民主共和發展，頗具有意義與價值，且對臺灣海峽兩岸民主共和發展，產生深遠影響。

三、丘逢甲、臺灣乙未戰爭及民主共和制度

丘逢甲[1]（1864-1912）的祖籍是廣東蕉嶺縣，誕生於1864年，地點在臺灣府淡水廳苗栗銅鑼灣雙峰山區客家庄（今臺灣苗栗縣銅鑼鄉），以生逢甲子，因之為名。字仙根，是近代中國的秀才、舉人及進士（清光緒十五年），有「東寧才子」之稱[2]，且是清代臺灣中部的進士。其父丘龍章為臺灣臺中東勢客家人，其母陳掌妹為臺灣南部六堆客家人，因此，丘逢甲可說是道道地地的臺灣人、客家人。丘逢甲在1895年的臺灣乙未戰爭失敗後，回到廣東發展。現今的「丘逢甲故居」，在廣東省梅州市蕉嶺縣，丘逢甲死後，仍葬在該縣，所以他也是著名的廣東蕉嶺客家人。[3]

1894年發生中日甲午戰爭，後來大清帝國要割讓臺灣與澎湖群島給大日本帝國，極不得民心。1895年《馬關條約》簽字後，臺灣人民大力反對。丘逢甲有感於大清帝國要割讓臺灣極為悲憤，敢於刺血疾呼「抗倭守土」，召集臺灣紳民致電表示抗日，又組織義軍（或稱義民軍、義勇軍），共同創建「臺灣民主國」，並在臺灣各地奮勇抵抗日本軍入侵，以利抗日保臺。

日本任命樺山資紀為第一任臺灣總督，由橫濱出發，近衛師團從臺灣

---

1 邱逢甲家族在清末時期的臺灣，族人都是姓「邱」。中華民國創立之後，邱逢甲倡導將「邱」姓改為原來的「丘」姓，「邱逢甲」就是「丘逢甲」，因而在中國是以「丘逢甲」聞名於世。丘逢甲的族人，後來長期在中國大陸生活與發展的，通通已改為姓「丘」；而長期住在臺灣的他的一些族人則仍然是姓「邱」。

2 邱逢甲14歲時（1877年/光緒三年/丁丑）虛報為16歲，自彰化赴臺南參加臺灣府（1885年建省後，始改稱臺南府）童子試，受閩撫兼學臺丁日昌賞識，拔擢為院試全臺第一名，特獎「東寧才子」印一方，以資鼓勵。參閱丘晨波、黃志平編撰：〈丘逢甲年譜簡編〉，收入廣東丘逢甲研究會編：《丘逢甲集》（長沙：嶽麓書社，2001年），頁973。

3 「丘逢甲故居」在現今廣東省梅州市蕉嶺縣文福鎮淡定村，建於1896年（清光緒二十二年），丘逢甲死後葬在該縣文福鎮印山村。丘逢甲的墓碑上刻有「丘倉海先生墓」。

東北角的澳底登陸[4]，展開武力接收工作，臺灣人民被迫走上自決之途。1895年5月25日，「臺灣民主國」成立，此後臺灣開始了臺灣乙未戰爭。

丘逢甲在臺灣乙未戰爭（1895）失敗後，回到其祖籍地廣東，改以倉海為名，並常以「倉海君」為筆名。「丘逢甲故居」之南廂書房曰「念臺精舍」，並命其子號亦曰「念臺」，以示不忘光復臺灣之志。丘逢甲積極從事新式教育工作，並持續關懷中國政治，且熱烈參與清末的政治改革，進而轉為支持孫中山所領導的中國革命運動，其門人學生中有許多人亦加入了「中國同盟會」，例如：鄒魯、謝逸橋、林修明等。

關於丘逢甲之政治表現與成就，筆者認為至少有三：[5]

1. **共同創建「臺灣民主國」與抗日保臺**：丘逢甲在臺灣與唐景崧、劉永福等人共同創建「臺灣民主國」（1895），使民主思想與民主共和制度首度在臺灣萌發。
2. **認真辦學與主張教育救國**：丘逢甲在廣東提倡新式教育，認真辦學，培育英才，主張以教育救國，曾與清末維新派聯結在一起，關心國事和參與推動政治變革；亦曾大力鼓吹有志青年赴日本留學，支持孫中山所領導的中國革命運動。
3. **共同推翻中華帝制與創建「中華民國」**：丘逢甲在清末由立憲派轉為革命派，丘逢甲、丘念臺父子皆參加中國同盟會，丘逢甲並曾擔任廣東省諮議局副議長，又大力協助廣東省「兵不刃血」成立新政府，進而再支持孫中山當選「中華民國臨時大總統」，共同推翻中華帝制，創建「中華民國」，讓中國逐漸朝向民主共和制度發展。

4　澳底位在現今臺灣新北市貢寮區三貂角一帶，為一漁村聚落，大約是現今貢寮區的真理里、仁里里、美豐里的範圍。

5　參閱黃玫瑄等：〈論丘逢甲與近代中國——兼論丘念台與逢甲大學〉，收入《傳承：紀念丘逢甲逝世100週年學術研討會論文集》（臺中：逢甲大學，2012年），頁47。

丘逢甲對近代臺灣之貢獻：在政治方面，曾因抗拒清政府在中日甲午戰爭失敗後，居然同意割讓臺灣與澎湖群島給日本，乃共同創建「臺灣民主國」，組織、領導義軍，在1895年臺灣乙未戰爭中到處努力奔走抗日，後來離開臺灣，回到廣東祖居地繼續發展。其所共同創建的「臺灣民主國」，是臺灣政治發展史上首度將民主制度標舉出來，此標誌著臺灣政治發展開始朝向民主共和制度發展，對臺灣民主發展具有重大貢獻。

四、劉永福、臺灣乙未戰爭及民主共和制度

中法戰爭期間（1883-1885），大清帝國有兩位赫赫有名的客家大將馮子材、劉永福，曾在中法戰爭中表現傑出。

馮子材（1818-1903，亦即馮子才），出生於中國廣西欽州，祖籍廣西博白，客家人。在1883年中法戰爭中曾立下赫赫戰功。[6]1862年至中法戰爭前，馮子材曾任廣西提督20年，期間三次應越南王朝之請，率軍協助平定內亂，在中國廣西和越南人民心中享有極高的威望。1885年，馮子材的部隊與各路友軍（戰鬥於越南北圻西線的黑旗軍、岑毓英指揮的滇軍）分進合擊，在越南文淵、諒山各地共同打敗了法國軍隊。[7]

劉永福（1837-1917），出生於中國廣西欽州，祖籍廣西博白，客家人，原名建業，小名劉二，後改二為義，號淵亭，是著名的清末援越抗法、中法戰爭、抗日保臺的名將。[8]

6　馮子材故居在現今中國廣西省欽州市。馮子材的墳墓，是一座典型的客家「座椅式」墳墓。

7　馮飛勇：〈馮子材根在博白〉，收入王建周主編：《廣西客家研究綜論》（桂林：廣西師範大學，2005年），頁319-323；鍾文典：《廣西客家》（桂林：廣西師範大學，2005年），頁240-241。

8　饒任坤：〈劉永福〉，收入王建周主編：《廣西客家研究綜論》，頁314-318；鍾文典：《廣西客家》，頁239-240。

關於清代客家大將劉永福的一生，筆者精簡扼要歸納為下列四個重點：[9]

1. 劉永福創建有許多客家子弟參加的「黑旗軍」，援助安南（今越南）抗法，且為中法戰爭名將。

清咸豐八年（1858），法國為了在亞洲與英國爭奪霸權，乃與西班牙連結，對昔日的安南（今越南）發動了大規模的侵略戰爭，當時的安南因此成為法國的殖民地。

清同治元年（1862），法國強迫越南阮氏王朝簽訂喪權辱國的《西貢條約》。清同治六年（1867），劉永福正式創建「黑旗軍」，有許多客家子弟。清同治十二年（1873），劉永福率領黑旗軍援助越南對抗法國，在第一次紙橋大戰中打敗法國軍隊於河內，斬其首領安鄴（F. Gamier）。由於劉永福在越南抗法有功，被越南阮氏王朝封為「三宣副提督」，清廷則授予劉永福四品頂戴。[10]

清同治十三年（1874）越南阮氏王朝又被迫與法國簽訂第二次《西貢條約》。光緒八年（1882），法國駐越南南部的艦隊司令官、海軍上校李威利（Henri L. Reriere）為侵略越南北部的遠征軍司令官，他率軍千餘人先強佔河內，再佔領南定，使得越南北部的情勢又一次告急。越南阮氏王朝再次請劉永福出師協助，共同對抗法國軍隊；光緒九年（1883），劉永福率黑旗軍援助越南對抗法國第二次紙橋大戰，再度獲得勝利。

---

9 參閱黃玫瑄：〈論客家、孫中山與越南〉，發表於「紀念國父孫中山先生逝世90週年暨第15屆海峽兩岸孫中山思想之研究與實踐學術研討會」（臺北：國立國父紀念館，2015年3月13日）。

10 鍾文典：《廣西客家》，頁239。

2. 劉永福被清廷重用，率軍派駐臺灣臺南，協助臺灣防務，共同抗日保臺。

中法戰爭後十年，1894年發生了中日甲午戰爭。在中日戰爭日益吃緊之時，大學士翁同龢一再推薦，時任廣東南澳鎮總兵的劉永福，率黑旗軍舊部及新募粵勇千名，從南澳直航臺灣臺南，幫忙臺灣巡撫邵友濂辦理臺灣防務，投入抗日保臺戰爭。後來唐景崧彈劾邵友濂辦理臺灣防務不善，清廷乃以唐景崧繼任為臺灣巡撫。

中日甲午戰爭，中國戰敗，被迫簽訂了中日《馬關條約》，將臺灣全島及澎湖列島割讓給日本。1895年，臺灣仕紳丘逢甲（客家人）等人倡議創建「臺灣民主國」，唐景崧為臺灣民主國大總統，丘逢甲為副總統兼義勇統領，黑旗將軍劉永福為臺灣民主國大將軍。後來唐景崧逃回中國，臺灣百姓無主，遂推舉黑旗將軍劉永福擔任臺灣民主國大總統。劉永福雖然未接受，但為實際的領導人。劉永福曾派楊紫雲率新楚軍、吳彭年率黑旗軍增援，先後與義民軍首領吳湯興（1860-1895，臺灣苗栗客家人）、徐驤（1860-1895，臺灣苗栗客家人）、姜紹祖（1874-1895，臺灣新竹客家人）等共同合作，力抗日本軍隊，皆分別陣亡。劉永福在彈盡援絕後，乘船至廈門。[11]

3. 劉永福大力支持早期越南各主要政治派系領導人，從事抗法救國運動。

清光緒廿九年（1903），劉永福辭退官職，閑居廣州沙河「劉氏家廟」。清光緒卅二年（1906），他開始在「劉氏家廟」接待越南革命志士，後來該處成為越南革命志士在中國廣州抗法救國運動的主要活動據點，例如：越南維新會（領導者潘佩珠）和光復會（領導者潘周楨），分

11　參閱李健兒：《劉永福傳》（臺北：臺灣商務，1970年），頁192-197。

別於1906年和1912年在劉永福家召開成立會議，從而使越南抗法救國運動發展到一個新的階段。[12]

4. 劉永福支持孫中山所領導的中國革命運動。

1911年10月10日，湖北革命黨人和新軍在中國湖北武昌起義後，中國各地軍民紛紛響應，同盟會南方支部長胡漢民被推舉為廣東都督，陳炯明為副都督，成立了廣東軍政府。後來劉永福曾出任廣東民團總長，支持孫中山所領導的中國革命運動。

簡言之，在中法戰爭期間，典型的中國廣西客家大將劉永福，曾創建了一支有許多客家子弟參加的「黑旗軍」，原本就對早期的越南（安南）有重要貢獻。後來，中日甲午戰爭期間臺灣防務危急之際，劉永福被清廷調派至臺灣協助抗日保臺，奈何無功而返。但劉永福回到中國廣東後，一方面大力協助越南各主要政治派系領導人從事抗法救國運動，又對越南做出了重要貢獻；另一方面則是支持孫中山所領導的中國革命運動。

五、孫中山、中國革命運動及民主共和制度

孫中山為著名的中國革命家、政治家，也是中華民國的創立者，在中國近代政治史、政治思想史及政治制度史中，皆具有極其重要的地位。清朝末年，他發動革命，推翻滿清政府，創建「中華民國」。中華民國國民政府尊稱他為「中華民國國父」，中國共產黨和中華人民共和國則稱他為「中國近代民主革命的先行者」。他在現今的華人社會是家喻戶曉的人物，且頗受各方懷念而有許多紀念性質之建物（紀念館、紀念堂、紀念公

---

12 楊萬秀、吳志輝：《劉永福評傳》（河南：河南教育，1990年），頁195。

園、學校、道路）和活動。他是全亞洲、全世界極著名的革命家、政治家，而有關孫中山研究與中華文化之交流與合作，亦成為現階段兩岸學術文化交流與合作之重點項目，將有助於兩岸關係之和平發展。

19世紀中至20世紀初的近代中國政治運動，先後有自強運動、變法運動、立憲運動、辛亥革命運動、五四運動等，其中辛亥革命運動之性質，是繼太平天國革命運動之後，較著名的近代中國革命運動。[13]孫中山在推動中國革命之後，將大清帝國轉變為中華民國，推翻中國君主專制體制，以中國傳統文化中的「德治傳統」為基底，並汲取西方民主政治之優點，創建「中華民國」，使中國政治體制開始朝向民主共和制度發展，這在中國政治發展史上是一大創舉，且具有重大貢獻，頗受各方肯定，其政治影響極為深遠，至今仍為世人所稱許。

至於孫中山，不但具有「民主共和」的政治思想，而且具有實現「民主共和制度」的政治行動。他主張三民主義與五權憲法，具有「民主共和」思想（政治思想），長期推動「中國革命運動」，歷經十次革命起義（政治行動）失敗，直至「武昌起義」（1911）成功，推翻「以君為主」的中華帝制，創建「以民為主」的中華民國，希望建構成一個五權分立架構的民主共和制度（政治制度），使中國朝向民主共和制度發展。

1945年第二次世界大戰結束後，臺灣與澎湖群島的人民總算脫離了日本政府的殖民統治。1949年，蔣氏（蔣介石、蔣經國）政權帶領200萬軍民到臺灣，並將中華民國政府遷至臺灣臺北，繼續採五權分立架構的中央政治體制，並實施地方自治，於臺澎金馬力行民主共和制度迄今。孫中山的政治思想與政治行動，對臺灣海峽兩岸的民主共和之發展，實深具影響。

---

13 邱榮舉、謝欣如：〈孫中山的政治思想之研究：析論其民主憲政思想與兩岸民主發展之關係〉，《臺灣憲法與政治研究》（臺北：翰蘆圖書，2009年），頁1、5-6。

臺灣的政治發展，已從威權政治轉為民主政治，在蔣經國政權末期開始推動臺灣政治自由化，它是臺灣政治民主化的重要一環，歷經李登輝政權、陳水扁政權、馬英九政權，中華民國（臺灣）多次「政黨輪替」與修憲，已漸漸成為實施民主政治的國家。這些多少是受到孫中山推動民主共和制度之影響。

六、丘逢甲、謝逸橋、孫中山三者之客家關聯

中日甲午戰後，丘逢甲反對將臺灣割讓給日本，在1895年臺灣乙未戰爭失敗後，他赴廣東以辦新學為己任，倡導教育救國。1900年，丘逢甲在汕頭創辦「嶺東同文學堂」[14]，謝逸橋即是其得意門生。[15]

謝逸橋（原名錫元，1874-1926）出生於屬純客家庄的廣東省嘉應州（現今為梅州市）的梅縣松口鎮銅琶村，為廣東嘉應州梅縣客家人，亦為東南亞客家華僑。謝家在廣東嘉應州梅縣松口鎮是客家望族，祖父謝益卿和伯父謝夢池（即謝榮光）均係英屬檳榔嶼的僑領。其父謝國生居於家鄉，熱心公益，喜愛詩文，生有八子，謝逸橋是長子，謝良牧是三子。[16]其祖父謝益卿，曾大力支助丘逢甲、溫仲和等人創辦「嶺東同文學堂」，以培養新學人才，而謝逸橋後來成為該校的傑出校友。

謝逸橋、謝良牧兄弟於1905年在日本東京加入中國同盟會，謝良牧任中國同盟會會計部長，曾到南洋各地籌設中國同盟會分部，並曾被委任為

14 清光緒廿七年/辛丑（1901年）春，丘逢甲時年38歲，在廣東汕頭創辦「嶺東同文學堂」，地址在同慶善堂舊址（現今汕頭市外馬路第三小學）。丘逢甲自任監督，溫仲和等人分掌教務，並聘日本人任教，「以歐西新法教育青年」，入學青年甚眾。鼓吹新思想，使得學生日漸同情革命，多人東渡日本留學。參閱丘晨波、黃志平編撰：〈丘逢甲年譜簡編〉，頁982-983。

15 賴紹祥、房學嘉編著：《客籍志士與辛亥革命》（廣東：人民出版社，1992年），頁37。

16 黃玉釗主編：《梅州人物傳》（廣東省梅州市：廣東省梅州市地方志辦公室，1989年），頁150。

新加坡支部主持人。謝良牧曾與其兄謝逸橋跟隨孫中山，從日本橫濱到越南西貢，與法國駐安南外交官商議在西貢組織同盟會的問題。[17]

參考賴紹祥、房學嘉《客籍志士與辛亥革命》乙書中，對於丘逢甲與謝逸橋之考證，筆者認為：丘逢甲與謝逸橋是師生關係，也是革命同志，兩人都有不滿現狀，和拯救中國圖存的政治思想與政治行動，且謝逸橋的政治思想與政治行動比他的老師丘逢甲更激進。謝逸橋在前往日本之前，還特地拜訪了丘逢甲，雙方曾比較與論辯康有為、梁啟超、孫中山等人的政治思想與政治行動。丘逢甲對謝逸橋赴日本加入孫中山所推動的中國革命運動大為讚許，後來謝逸橋的思想又反過來影響其老師丘逢甲，師生倆的思想就是在這樣相互影響中前進與發展。[18]1912年，丘逢甲贊同孫中山創建「中華民國」，並推舉孫中山為「中華民國臨時大總統」，建立民主共和制度。丘逢甲、孫中山在推動兩岸民主共和制度中，曾因為有謝逸橋等客家因素之支持，而得以逐步由逆轉順。由此可知，丘逢甲、謝逸橋、孫中山三者之客家關聯，頗值得吾人予以重視。

七、結語

中華民國已經一〇五年了，回顧孫中山推動中國革命運動，歷經千辛萬苦推翻帝制，創建「中華民國」。探討有關孫中山與臺灣海峽兩岸民主共和制度，必須參考與了解現今臺灣朝向民主共和發展，實多少與1895年唐景崧、丘逢甲、劉永福等人的創建「臺灣民主國」有關聯；後來經日本殖民統治五十年，又有中華民國在臺灣實施民主憲政，臺灣始能進一步推

17　同前注。

18　賴紹祥、房學嘉編著：《客籍志士與辛亥革命》，頁88-97。

動民主共和發展。

丘逢甲對近代中國和臺灣，有相當獨特而重要的政治貢獻。丘逢甲的民主政治思想與政治行動，例如：1895年共同創建「臺灣民主國」（當時丘逢甲32歲）與籌組義軍抗日保臺，對臺灣民主共和制度之形成與發展，實具有重大影響；後來他赴廣東辦新式教育，培育英才，例如：鄒魯、謝逸橋、謝良牧、林修明等，進而由立憲派轉為革命派，且丘逢甲、丘念臺父子皆加入中國同盟會。除了丘逢甲擔任廣東省諮議局副議長，進而巧妙地協助廣東省能「兵不刃血」建立廣東新政府，功不可沒；同時，他大力支持孫中山所領導的中國革命運動，主動積極地參與共同推翻中華帝制，創建「中華民國」。因此，他在近代中國政治發展史中，可以說是具有重要歷史地位，且對臺灣整體發展具有重大貢獻與影響。

劉永福原先在中法戰爭期間（1883-1885），與馮子材同為赫赫有名的援越抗法名將，其所創建之「黑旗軍」頗具戰功。他後來被調派至臺灣協助臺灣防務，在1895年臺灣乙未戰爭中，共同抗日保臺失敗後，他回到廣東，一方面繼續協助越南人對抗法國，另一方面他也支持孫中山所領導的中國革命運動。

丘逢甲和劉永福這兩位客家菁英，他們兩人雖然在1895年的臺灣乙未戰爭抗日保臺失敗後，皆赴廣東發展，但是在政治上，卻先後支持與協助孫中山所領導的中國革命運動，這兩人的政治思想與政治行動，皆贊同孫中山的想法與作法，促使中國逐步朝向民主共和制度發展。以丘逢甲等人為主所倡議成立的「臺灣民主國」，和孫中山等人為主所創建的「中華民國」，是臺灣海峽兩岸前所未有的大變革，也是兩岸政治發展史上重要的轉捩點，頗值吾人深入探討。

本文的研究成果有五：一、丘逢甲等人在1895年創建「臺灣民主國」，籌組義軍抗日保臺，臺灣首度有民主制度之出現，在臺灣政治發展史中為一重要起始點，影響甚鉅。二、孫中山等人推動中國革命成功，在1911年創建「中華民國」，促使中國朝向民主共和制度發展。三、丘逢甲先在臺灣創建「臺灣民主國」，籌組義軍抗日保臺，初步建立民主制度；後來乙未戰爭抗日保臺失敗後，他到廣東發展，進而結合革命志士，贊同孫中山，創建「中華民國」，並推舉孫中山為「中華民國臨時大總統」，使孫中山成為「民主共和國之父」。故曰：丘逢甲與孫中山在兩岸民主共和制度之發展是分別有貢獻的，且兩者是前後有關聯的。四、丘逢甲、謝逸橋、孫中山三者有客家關聯：丘逢甲與謝逸橋係師生關係和同志，丘逢甲、孫中山在推動兩岸民主共和制度中，曾因為有謝逸橋等客家因素之支持，而得以逐步由逆轉順、反敗為勝。五、劉永福在1895年臺灣乙未戰爭抗日保臺失敗後，亦赴廣東發展，也支持孫中山所領導的中國革命運動。

簡言之，孫中山具有「民主共和」思想（政治思想），經由推動「中國革命運動」（政治行動），進而建立五權分立架構之民主共和制度（政治制度），對臺灣海峽兩岸民主共和發展產生深遠影響。孫中山與臺灣海峽兩岸民主共和發展之關係，可以說是相當密切的。

5

荀子的法哲學初探

陳昭瑛
臺灣大學中國文學系教授

一、前言

有不少學者認為以荀子（313？-238？B.C.）為代表的儒家「法」思想（或「禮法」思想）相當於西方的「自然法」，與儒家的自然法不同，法家主張者則為「實定法」（梁啟超、李約瑟、史華茲）。晚近亦有學者指出儒家法學並非自然法，而是一種均衡論（如美國法律學者皮文睿），其中有許多曲折值得深入，如自然法和實定法並不互相對立，其間的區別就相當於儒家之法和法家之法的對立嗎？或兩家還有更根本的立法精神和目的之間的對立？本文將嘗試論證儒法兩家的對立可能超過自然法和實定法。另一方面，孟荀論法皆基於一定的人性論觀點，可以說是人定法，非神定法。

同時荀子認為法有與時俱進的面向，既重視法的人類性，也重視法的歷史性，這近於黑格爾。黑格爾（G. W. F. Hegel，1770-1831）認為「法律是被設定的東西，源出於人類」，「人不只停留在定在上，也主張在自身中具有衡量法的尺度。」黑格爾不主自然法和實定法的對立，他認為「法一般來說是實定的」，與一國人民的民族性和歷史發展息息相關（上述引文出處詳下文）。關於法源於人類的看法，荀子即主張人通過不斷學習，可以開發出人性中所有潛能，成為法的尺度。這最完善的人類——君子，便是「法之原」（〈君道〉）。法家之君主非聖王，而有流於暴君之虞。按荀子的想法，法家之君主絕不是「法之原」；從惡法非法的觀點來看，法家之法也有非法之嫌。荀子與法家的根本差異應該釐清。

除了黑格爾，德國的普芬道夫（Samuel Pufendorf，1632-1694）與荀子也有相似見解，他反覆致意的是：「社會性是自然法的基石」，他認為基本的自然法就是每個人有義務「培養和保存社會性」，成為「一個對社會有用的人」。（上述引文出處詳下文）此說與荀子對「群」、「類」的特別著重確實極為神似。總之，本文將嘗試從比較法哲學的視野勾勒荀子的法思想。

二、儒家法哲學的屬性

先秦為中國文化的形塑時期，現代世界的各個知識領域大多可以在先秦文獻中找到種子甚至萌芽。西方法治是近代中國受自西方的一項重大衝擊。和西方法律文化相較，中國被視為以禮治、德治、人治為本，而忽略法治，中國文化也被認為重義務責任，而不重人權。論者亦多謂此為中國文化的缺點。在評斷優劣之前，有必要進入中國文化的脈絡對中國法學的起源與特性加以探索。

瞿同祖（1910-2008）認為儒家思想「支配了一切古代法典，這是中國法系的一大特色」。[1]其顯著特徵在於中國古代法律對家庭、血緣與社會階層格外重視，法典中大部分是關於親屬及階級的特殊規定，「中國法律可說全為儒家的倫理思想和禮治主義所支配」。[2]瞿同祖認為，對中國法律傳統的影響力僅次於儒家的便是法家，並認為漢代以後儒法相容，德刑並用，「已無法家，亦無真正儒家」。[3]這似乎也說明了中國法律文化並不獨尊禮治、德治，在秦漢大一統之後，亦不能不重法治。問題在於禮教道德對法治的影響情形究竟如何。法律的道德化是中國法律傳統的特徵，影響所及，論者或謂古代中國無「私法」概念。

梁治平即指出中國古代文獻中無「私法」一詞，「公法」則屢見不

1 瞿同祖：《中國法律與中國社會》（臺北：里仁書局，1984年），頁421。

2 同前注，頁437。

3 同前注，頁411。

鮮。[4]張中秋甚至直接稱中國傳統法律文化的屬性為公法文化，西方法律文化的屬性是私法文化；並謂中國的公法文化是以「刑事法」、「刑法化」為基本特色。[5]的確，在《荀子》一書中，「法」字多指「公」，並與「私」相對，甚至可以說這是先秦諸子共法。梁治平又指出，孕育了羅馬私法的西方文化若可稱為「私法文化」，中國文化可說是「禮法文化」，在其中，「『民法』或『私法』自始便無由產生」。[6]這種看法和主張中國文化缺乏權利、人權的概念是出自同一脈絡。然而對羅馬法的不適當黑格爾多有批評，證明並非西方法學家都接受羅馬法。

其次，法律學者也留意中國法律文化與西方法律文化相近之處。最為學者津津樂道的是自然法。法學界主張儒家思想與自然法暗合者代表主流思想，如法學界前輩梅仲協（1900-1971）說：「我國儒家，素主自然法」，並認為孟子（372-289B.C.）的仁義禮智四端之說旨在「證明人類之有普遍性，而普遍性，便是自然法之所從出」，「這就是社會生活的基礎，這就稱之曰自然法」。[7]法制史學者陳顧遠（1896-1981）認為，中國之「天道、天理、天則等觀念」，「致中國固有法系飽含自然法之精神。」[8]西方漢學家李約瑟（Noel Joseph Terence Montgomery Needham, 1900-1995）亦以「禮」為自然法，甚至稱為「自然之禮」[9]，他指出由秦

---

4 梁治平：《尋求自然秩序中的和諧：中國傳統法律文化研究》（臺北：國立臺灣大學出版中心，2011年），頁133。

5 張中秋：《中西法律文化比較研究》（北京：中國政法大學出版社，2006年），頁82-83，及第3章。

6 梁治平：〈再版前言〉，《尋求自然秩序中的和諧：中國傳統法律文化研究》，頁20。

7 梅仲協：〈法與禮〉，收入刁榮華編：《中國法學論著選集》（臺北：漢林出版社，1976年），頁13。

8 陳顧遠：〈從中國文化本位上論法制及其形成發展並予以重新評價〉，收入謝冠生、查良鑑編：《中國法制史論集》（臺北：中華法學協會，1968年），頁33。

9 李約瑟（Noel Joseph Terence Montgomery Needham）著，陳立夫主譯：《中國古代科學思想史》（南昌：江西人民出版社，2006年），頁255。

到漢的轉變是禮取代了法，法律再度與倫理緊密接合，影響所及，成文法有所縮減而止於刑法。歷代帝王敕令均引用自然法，即合乎天下公認的倫理，亦即禮為依據。[10]史華茲（Benjamin I. Schwartz，1916-1999）亦認為禮相當於斯多葛派和中世紀的自然法。[11]耿雲卿更暢論先秦諸家的自然法思想，主張儒家、墨家與道家的思想與西方之自然法相通，而法家相當於「法律實證主義」（positive law），與自然法相衝突。[12]耿雲卿大約主張儒法之別即自然法與實證法（或稱實在法、實定法）之別。

然而，反對將禮視為自然法，並反對將禮與法的對立視為自然法與實在法的對立者亦不乏其人。梁治平認為禮與自然法源自不同的文化背景，在中國禮與法的對立不曾達到西方「自然法和實在法那樣一種緊張的程度」。[13]他並指出西方以自然法為上帝、神所創造的永恆法律之說在中國人也是難以理解的。[14]誠然，以神人關係而言，假如自然法為神定法，則禮是人定法，是人類在日常生活中逐步形成的。更具體的說，禮是周文，是周克殷前後發展出來的國家精神。但禮是否因此即不具有超驗性根源，實有待商榷。再者，西方自然法思想於漫長歷史中與時變遷，發展出各派學說，要在其中發現與禮相通或相異的說法，都是可能的。

上述是從「公／私」的角度以及自然法的角度所做的比較。其次，從人文／宗教的角度來看，中西法學的比較也饒富趣味。世界各地法律都經驗過神判法、神諭（oracles）的階段，中國也不例外。維柯（Giambattista

---

10 同前注，頁254。

11 史華茲（Benjamin I. Schwartz）著，程鋼譯：《古代中國的思想世界》（南京：江蘇人民出版社，2004年），頁311。

12 耿雲卿：《先秦法律思想與自然法》（臺北：臺灣商務印書館，2003年），頁127。

13 梁治平：《尋求自然秩序中的和諧：中國傳統法律文化研究》，頁366。

14 同前注，頁369。

Vico，1668-1744）在《新科學》（*Scienza Nuova*）將歷史分為三階段即神的、英雄的與人的。與此三階段相應，自然法亦有神的自然法、英雄的自然法與人的自然法三種。[15]維柯指出法律的字源與天神旨意的關係，他說：

> 拉丁語裡叫做ious，在古希臘語裡叫做diaïon（上天的），來自Dios，即天帝宙斯（Zeus）或約夫（Jove）的。……這個詞產生了拉丁短語sub dio 和sub Iove，意思都是「在天空之下」。因為全世界所有的異教民族都從天空去觀察天帝約夫的容顏，從他所降的預兆裡接受他們的法律，他們把這些預兆看作天神的告誡或命令。這證明了一切民族都生來就相信天神的意旨（天命）。[16]

中國的「法」字也有神聖的起源，白川靜（1910-2006）指出：「法，古書作『灋』，雖是含有相當複雜構造之字，但其字形是具有根據排除神判的污穢之意，法秩序的恢復是由祓禊其污穢而達成。因此，古體之『灋』字又具有廢棄之意義。今之『法』字形是從『灋』的字形中省略了『廌』之形。此『廌』是用於『羊神判』的『解廌』之獸。」[17]「羊神判」的事蹟在《墨子・明鬼》中有所記載：「昔者齊莊君之臣有所謂王里國、中里徼者，此二子者，訟三年而獄不斷。齊君由謙殺之恐不辜，猶謙釋之，恐失有罪，乃使之人共一羊，盟齊之神社，二子許諾。於是泏洫羊而漉其血，讀王里國之辭既已終矣，讀中里徼之辭未半也，羊起而觸之，折其腳，祧，神之而稾之，殪之盟所。當是時，齊人從者莫不見，遠

---

15 維柯（Giambattista Vico）著，朱光潛譯：《新科學》，第922-924節（北京：商務印書館，1989年）。

16 同前注，第473節。

17 白川靜著，加地伸行、范月嬌譯：《中國古代文化》（臺北：文津出版社，1983年），頁91。

者莫不聞，著在齊之春秋。」

在這段故事中，齊莊君無法判斷訴訟三年的兩位臣子何人有罪，只好請神降旨，降旨的方式以羊（神獸）在兩個人分別讀誓詞時，羊觸倒有罪者為判決。墨子以此故事證明鬼神存在。從比較法學的觀點來看，神話為法律提供起源，不僅在西方如此，在中國亦然。荀子的「法先王」、「法後王」之說已經脫離了維柯所說的神的自然法階段，而來到了英雄時代的自然法，或更精確的說是文化英雄時代的自然法，又由於儒家的文化英雄堯舜禹湯文武周公皆以人民福祉為念，這一階段的法也相當於維柯說的人的自然法。因為維柯所謂英雄的法，其英雄以阿喀琉斯（Achilles）為代表，是「強力的法」，而人的法、人道的法才是受充分發達的人類理智來下判決的。[18]

維柯認為屬於人的時代的「好的法律」經過柏拉圖（Plato，427-347B.C.），終於在亞里士多德（Aristotle，384-322B.C.）得到「法的公道（legal justice）」的闡釋。柏拉圖認為個別的人追求私人利益，一旦他們聚集於公眾議會裡，他們便有了共同利益的理想。[19]亞里士多德認為「法的公道」寄託於最高民政主權，他並指出兩種特殊的公道：分配的公道（distributive justice）與交換的公道（commutative justice）（禮尚往來）。交換的公道是應用數學的比例。因此在亞里士多德的《倫理學》中，「報復就叫做畢達哥拉斯的公道（Pythagorean justice）」。[20]我們不難發現儒家的「禮」，特別是荀子闡發的「禮」即包含分配的公道與交換的公道，朱光潛（1897-1986）亦將「交換的公道」譯為「禮尚往來」，

18 維柯（Giambattista Vico）著，朱光潛譯：《新科學》，第924節。

19 同前注，第1041節。

20 同前注，第1042節。朱光潛譯“justice”為「公道」，現在比較通用的中譯為「正義」。

可謂貼切。

中西方的法律皆有神話的起源，但在中國，於周文、周禮之中，法已發展為維柯說的人的自然法，在西方則因基督教的全面影響，直到17世紀的霍布斯（Thomas Hobbes，1588-1679）自然法著作中仍聲稱自然法是神的大能所創，故亦稱「神法」（divine laws）。[21]這是中西法哲學的一大差異。儒家的禮法思想不主張也不可能主張自然法為上帝所造，亦即沒有神定法之說。儒家法學不論孔孟荀思想皆基於一定的人性論觀點，制禮作樂的先王亦人類代表，儒家法學主張的是人定法。

另一方面，荀子的「法先王」、「法後王」之說暗示「法的歷史性」。一方面禮法是天經地義的綱常，另一方面又具有與時變化的歷史性，似乎儒家禮法徘徊在絕對主義和相對主義之間。美國法律學者皮文睿（Randall Peerenboom）主張儒家法學乃超越自然法，近於羅爾斯（John Rawls，1921-2002）的均衡論，此論不主倫理判斷的絕對標準，主張倫理判斷應與直覺、習慣相協調。[22]儒家思想中不論天人合一或理氣不離不雜等思想皆有調解絕對者與相對者，於兩者之間維持平衡的傾向，皮文睿之說庶幾近之。

三、荀子的「法」思想與自然法

參考皮文睿的研究，荀子法哲學與羅爾斯的均衡論有相近之處。另一方面，朱光潛視「交換的正義」（commutative justice）為「禮尚往

---

21 霍布斯（Thomas Hobbes）著，張書友譯：《法律要義：自然法與民約法》（北京：中國法制出版社，2010年），頁103。

22 皮文睿（Randall Peerendoom）著，李存捧譯：〈儒家法學：超越自然法〉，收入高道蘊等編：《美國學者論中國法律傳統》（北京：中國政法大學出版社，1994年），頁118-153。

來」。「禮」在法學的光照之下，並不限於習俗風尚與道德修養，也具有「正義」的意涵。而事實上荀子思想即包含「分配的正義」與「交換的正義」。再者，對法的歷史性的重視使荀子與黑格爾又有相通之處。黑格爾說：「世界歷史是一個法院，因為在它的絕對普遍性中，特殊的東西——即在現實中形形色色的家神、市民社會和民族精神——只是作為理想性的東西而存在。」[23]世界史是法庭這一說法在於強調法並非永恆不變。若說在世界史這個法庭中，特殊的東西是作為理想的東西而存在，反之亦可說，普遍的理想性是作為特殊性而存在。此近於朱子（1130-1200）理氣不離不雜之說。黑格爾的法哲學不論自然法，在他看來，自然法是需要被超越的，不僅自然法古典定義中的永恆性與黑格爾的歷史哲學有所扞格，自然法傳統中注重自然權利的方面也與黑格爾的倫理學思想大相徑庭。

關於自然法的恆常性，荀子的禮確實有相似的論述。最為人津津樂道的西塞羅（Marcus Tullius Cicero，106-43B.C.）在《共和國》的一段話被視為自然法學說的精華：

> 真正的法律，乃是與大自然相符合的正理（right reason）；它是普遍適用的，不變而永存的；它以它的命令召喚人們負責盡職，以它的禁制防止人們為非作歹。……在羅馬和雅典不會有不同的兩套法律，在現在與未來亦復如是，一種永恆不變的法律將適用於一切民族與一切時代，在我們之上也將只有一位主人與統治者，那就是上帝，因為祂乃是這法律的創造者、頒布者、與執

23 黑格爾（G. W. F. Hegel）著，范揚、張企泰譯：《法哲學原理》（新竹：仰哲出版社，1984年），第341節。以下僅注節碼於文內。

行它的法官。[24]

這段話除強調「適用於一切民族與一切時代」的法，也強調上帝是「這法律的創造者、頒布者，與執行它的法官」。首先，中國沒有以上帝為法律創造者的說法；其次，受通變觀的影響，中國法學傾向因時因地制宜，「適用於一切民族與一切時代」的法與中國人根深柢固的歷史意識並不相應。但荀子有一段話似涉及禮的恆常性：

> 凡禮，始乎梲，成乎文，終乎悅校。故至備，情文俱盡；其次，情文代勝；其下復情以歸大一也。天地以合，日月以明，四時以序，星辰以行，江河以流，萬物以昌，好惡以節，喜怒以當，以為下則順，以為上則明，萬物變而不亂，貳之則喪也，禮豈不至矣哉！立隆以為極，而天下莫之能損益也。
>
> 〈禮論〉

史華茲引用「天地以合」至「善惡以當」一段，興奮的說道：「禮被提升到了既能統治宇宙秩序，又能統治人事秩序的秩序原則（principle of order）的地位。」[25]若說「在某種意義上，『禮』是更大宇宙秩序的一部分」是有道理的，但若說「天地以合」以下數句是指禮「能統治宇宙秩序」則是顛倒主詞與受詞的關係。以天為主宰的宇宙是人模仿的對象，與其說禮統治宇宙秩序，不如說人模仿宇宙秩序而制禮作樂。如「大樂與天地同和」（《禮記‧樂記》）。

其次，史華茲忽略了引文的上下文。引文之上的「凡禮，始乎梲，成

---

24 轉引自登列特夫（Alexander Passerin d.Entréves）著，李日章譯：《自然法：法律哲學導論》（臺北：聯經出版公司，1984年），頁15。

25 史華茲（Benjamin I. Schwartz）著，程鋼譯：《古代中國的思想世界》，頁311。

乎文，終乎悅校」指出「禮」經過人類歷史的淬鍊，由疏略而成文，最終臻於美好，禮是在時間歷程中發展的。接著荀子更指出禮的三種形態或三個境界，最完備的境界是「情文俱盡」，其次是情勝文或文勝情，最下是復情以歸太一，即有情無文的原始簡樸狀態。何以有此三種狀態？當是由於當事人的客觀條件的差異。按荀子的看法，一個貧窮的孝子，即使未能為雙親舉行隆重的喪禮，仍是盡了禮數。但是一個富有的不孝子，即使舉行隆重喪禮，亦屬「有文無情」，荀子並未論列，顯示荀子認為「有文無情」之禮並非禮，可以置之不論。對荀子而言，禮不僅與時俱進，即使同一時之禮亦有三種形態。

雖然史華茲可能在禮和自然法之間作了過多聯想，但在釐清荀子和法家的界線時，史華茲的睿識非常深刻。他說：「『禮』是這樣的一種法律，只有當人們能在自身的生活中使其實現，才能使其在社會中得到實現。」他並指出荀子頑強抵抗法家「自動運行」（run itself）的社會政治制度，並關心統治者的自我教育。[26]儒家法學重人治甚於法治，常為人所詬病，史華茲卻能欣賞其中的精髓。認為在法的執行中，執法者的因素極為關鍵，而此一看法具有悠久的歷史。在最古老的法學文獻《尚書・呂刑》，我們已大致可以掌握儒家法哲學的精神。此篇為周穆王（1012？-947？B.C.）命呂侯作刑典以治不法的文獻。其中包含寶貴的法律智慧，有幾點值得注意：

（一）**制定法律是為了人民的福祉和教化**，如「士制百姓于刑之中，以教祇德」、「典獄非訖于威，惟迄于富」。

（二）**執法應合乎中、中正，即合乎公道、正義**，即「明于刑之中」、「觀于五刑之中」、「咸庶中正」，以免「殺戮無辜」。

26　同前注，頁306。

（三）執法寧寬勿嚴，存疑難決時寧赦勿殺，所謂「墨辟疑赦，其罰百鍰」。

（四）刑罰輕重可因時制宜，「輕重諸罰有權。刑罰世輕世重，惟齊非齊，有倫有要」。

（五）執法者的德行至關緊要，哀敬之心不可無，且須明察秋毫，所謂「在今爾安百姓，何擇非人？何敬非刑？」、「非佞折獄，惟良折獄，罔非在中。察辭于差，非從惟從。哀敬折獄，明啟刑書胥占，咸庶中正」、「哲人惟刑，無疆之辭」。

（六）由哲人執行、合乎中正的法便是「祥刑」，亦即善法、良法。周穆王一再告誡子孫「祥刑」之重要：「吁！來，有邦有土，告爾祥刑。」「嗚呼！嗣孫，今往何監，非德？于民之中，尚明聽之哉！哲人惟刑，無疆之辭，屬于五極，咸中有慶。受王嘉師，監于茲祥刑。」

總體而言，法律與道德的結合、良法與良邦的結合、法的實行與實行者的結合在〈呂刑〉中已得到相當完整的呈現。以繼承並發揚周文為己任的先秦儒家勢必在法哲學方面延續《尚書・呂刑》的法律智慧。和某些中國學者不同，史華茲為荀子辯護：「荀子並不是法家先驅」，甚至「頑強地抵制」法家觀點中「有害的成分」。[27]那有害的成分，應該就是法律與道德的脫鉤、法律與執法者的分離。從〈呂刑〉的觀點來看，法家之法絕非「祥刑」。

李約瑟等幾位學者將儒家的法與法家的法之間的對立視為自然法與實定法之間的對立，雖有一部分道理，但這樣的類比仍有不周延之處。

27　同前注，頁313。

「法」在先秦文獻中已取得「公」的定義，對照的便是私、私人、私刑、私欲等等。儒法之辨在於對「公」的適用範圍及其合法性的不同思考。

「法」字在《論語》只出現兩處：「法語之言，能無從乎？」（〈子罕〉）「謹權量，審法度，修廢官，四方之政行焉。」朱子釋「法語」為「正言之」，相對於婉轉言之；「審法度」之「法度」則釋為「禮樂制度皆是也」。「法」字到了孟子逐漸有法律之意，但原來在《論語》出現的意義：正、禮樂制度的意思仍然保留。

在孟子，「法」作動詞有效法之意，如「欲為君，盡君道；欲為臣，盡臣道，二者皆法堯舜而已矣」（〈離婁上〉）。此處「法堯舜」的用法應為荀子「法先王」所本。「效法」當是指向好的對象學習模仿，所以作為名詞的「法」也是正面的，不論是指禮樂制度或法律，都應是良制、良法。「有王者起，必來取法。」（〈滕文公上〉）「遵先王之法而過者，未之有也。」（〈離婁上〉）此處，「法」皆指良法、良制，也可說是王制，「先王之法」具體而言，即「先王之制」；就精神層面，則通於「先王之道」。

朱子釋「君子行法，以俟命而已矣」（〈盡心下〉）的「法」為「天理之當然者也」，孟子之意或僅止於「君子行得正」，而朱子強調「法」的形上學向度。行法之君子也就是「法家」：「入則無法家拂士，出則無敵國外患者，國恆亡。」（〈告子下〉）此處朱子則釋「法家」為「法度之世臣」。在這些地方，「法」都指正面價值，但較常為人引用的「徒法不能以自行」（〈離婁上〉）則帶有對「法」的警戒，此句常用來證明儒家重「人治」，不重「法治」。朱子釋此句為「有其政，無其心，是為徒法」。縱然此句指法必依賴於人方能運行，也不應過度解釋為輕視法治。不如說這是《尚書》以來的儒家傳統，〈呂刑〉中的「何擇非人」、「惟良折獄」、「哲人惟刑」的段落早已指出哲人良吏才能執法，這在《周書》的作者可能是依據經驗法則而提出，但從儒家的理念來看，也必然作此主張。

到了荀子，「人」的因素在儒家法哲學中更是居於主宰地位。「法」字在《荀子》出現的次數超過百次，說荀子比孟子重視「法」，固然無誤，但這也反映時代命題的急迫性。面對日趨動亂的局勢，諸子對「法」的思考、論證更趨於深邃細密。荀子的「法」雖有受自法家影響的方面，但他從來未離開儒家的立場，絕未改變其儒家本色。荀子的「法」思想因此顯得豐富多采，值得從比較法哲學的跨文化視野來重新加以探索。

和孟子的「法」概念一樣，荀子的「法」作為動詞多用於指效法好的榜樣，如「法先王，順禮義」（〈非相〉）、「略法先王而不知其統」（〈非十二子〉）、「上則法舜、禹之制，下則法仲尼、子弓之義」（〈非十二子〉）、「儒者法先王，隆禮義」（〈儒效〉），此處之「法」與孟子的「法堯舜」之「法」意同。孔子說的「法度」可在《尚書》找到淵源：「正法度」（〈盤庚上〉），也能在《荀子》中找到新的表述。如朱子所釋，「法度」指「禮樂制度」。

然良法之所以為良法乃對照惡法而言，良與不良之間自應有超乎其上的標準，「法」在荀子引申出更具普遍性的意涵，法與不法即是良法與惡法之別，亦即「法」的正面價值更為確定。荀子常用「法度」一詞：「貴師而重傅，則法度存」（〈大略〉）、「人有快則法度壞」（〈大略〉）、「三王既已定法度」（〈大略〉）、「制法度」（〈性惡〉）、「起法度」（〈性惡〉）。荀子也常用「法則」，「法則」比「法度」更具普遍性：「一可以為法則」（〈勸學〉）、「足為天下法則」（〈非相〉）、「法則、度量正乎官」（〈儒效〉）、「本政教，正法則」（〈王制〉）、「循法則」（〈榮辱〉）。法則、法度既是具普遍性的規定，則應普遍適用，不可因個人、個案而變易，因此屬於「公」，而非「私」。荀子常以「法」和「私」對照，這足以證明法的公共性。荀子說：「莫不法度而公」（〈君道〉）、「是法勝私也」（〈修身〉）。

以法為公，在法家經典也常出現，如「公法廢而私曲行」（《管子・五輔》）、「上舍公法而聽私說」（《管子・任法》）、「故法廢而私行」（《管子・明法解》）、「夫舍公法而行私惠」（《管子・明法解》）、「君臣釋法任私，必亂。故立法明分，而不以私害法，則治」（《商君書・修權》）、「去私曲就公法」（《韓非子・有度》）、「奉公法，廢私術」（《韓非子・有度》）、「明法制，去私恩」（《韓非子・飾邪》），《韓非子》書中以公（法）、私對照者不可勝數。足見法的公共性為先秦諸子的共識。

儒家之法與法家之法雖然皆指向「公」（公共性），而與私對立，但其間差別很大。首先，儒家重視「法」在制定與實行中「人」的因素。荀子說：

> 有亂君，無亂國；有治人，無治法。羿之法非亡也，而羿不世中；禹之法猶存，而夏不世王。故**法不能獨立**，**類不能自行**；**得其人則存**，**失其人則亡**。**法者**、**治之端**也；**君子者**、**法之原**也。故有君子，則法雖省，足以遍矣；無君子，則法雖具，失先後之施，不能應事之變，足以亂矣。不知法之義而正法之數者，雖博，臨事必亂。故明主急得其人，而闇主急得其埶。
>
> 〈君道〉
>
> 故有良法而亂者有之矣，有君子而亂者，自古及今，未嘗聞也。
>
> 〈致士〉（上述重點為筆者所加）

若想在儒學文獻中找尋「人治」思想的表述，這些話大概是最具經典性的，比孟子的「徒法不能以自行」旗幟更鮮明，立場更堅定，論述更有層次。在這裡既能看見荀子與法家的分水嶺，也可看見荀子「法」思想與自然法的歧見。法家是以法為本，儒家是以人為本。《管子・法法》：「法者，民之父母也。」《商君書・畫策》：「民本，法也。」《韓非子・飾邪》：「先王以道為常，以法為本。」《韓非子・心度》：「法者，王之本也。」從這些地方可看出法家的立場。

對於「刑」的使用，儒家採取不得已而用之的態度，即以用刑為下策，法家以刑為必不可缺而坦然用之，甚至以用刑為愛民，韓非子云：「故其與之刑，非所以惡民，愛之本也。刑勝而民靜，賞繁而姦生。故治民者，刑勝，治之首也；賞繁，亂之本也。」（〈心度〉）《管子・法禁》亦云：「刑殺毋赦，則民不偷於為善。」《管子・幼官》甚至出現「盡刑」一辭。和孔子的「盡善盡美」（《論語・八佾》）、荀子的「盡倫盡制」（〈解蔽〉）相較，「盡刑」之說凸顯了儒法之間的界限。而「刑殺無赦」之說和〈呂刑〉有疑則赦、不傷無辜的主張相去不能以道里計。荀子刑罰觀除了出於「治」的目的，也基於「報」的觀念，如〈正論〉云：「凡刑人之本，禁暴惡惡，且徵其未也。殺人者不死，而傷人者不刑，是謂惠暴而寬賊也，非惡惡也。故象刑殆非生於治古，竝起於亂今也。治古不然。凡爵列、官職、賞慶、刑罰，皆報也，以類相從者也。」「報」就刑罰脈絡來看是報復，是使犯罪者付出代價，以維持公平正義。[28]

28　楊聯陞（1914-1990）曾探討「報」與中國社會的關係，見楊聯陞著，段昌國譯：〈報——中國社會關係的一個基礎〉，收於劉紉尼等譯：《中國思想與制度論集》（臺北：聯經出版公司，1979年），頁349-372。林啟屏指出荀子刑罰觀中的關鍵概念「報」背後隱含「公平」概念，此異於法家刑罰觀。參見林啟屏：〈《荀子・正論》及其相關問題〉，《漢學研究集刊》第3期《荀

雖說法家亦承認聖人立法，且是觀察民俗而立法（《商君書・算地》：「故聖人之為國也，觀俗立法則治。」）但卻不主張法古，一方面法古不符合法家的變法主張，另一方面，以〈呂刑〉為代表的古法在法家眼中失之寬厚，已不符合富國強兵的新時代要求。故《商君書・開塞》云：「故以愛王天下者，并刑；力征諸侯者，退德。聖人不法古，不修今。法古則後於時，修今則塞於勢。周不法商，夏不法虞，三代異勢，而皆可以王。故興王有道，而持之異理。」這裡明確指出法古是落後的。韓非子亦言：「故聖人之治民也，法與時移而禁與世變。」（〈心度〉）這是強調法律、禁令應與時俱變。

荀子的法古主張與法家的反法古立場是針鋒相對的，不容混淆。荀子的以民為本的堅持和法家的以法為本的思想也是壁壘分明的。但是就主張法具有歷史性一點，儒法相近，而不同於西方自然法的古典學派。

從黑格爾的觀點來看，儒家之法與法家之法的差別根本是法與不法的差別，因為黑格爾不承認惡法是法。荀子繼承了《尚書》的法學思想，這不僅從荀子多次引用《尚書》的文字可以確定，由荀子的法哲學的精神也可判斷荀子與《尚書》一脈相傳，甚至荀子對他批評的孟子也有所繼承。

近代自然法思想逐漸淡化一神教色彩，甚至出現以社會性為自然法基礎的理論。德國的普芬道夫被視為第一位現代政治哲學家。他反覆致意的便是「社會性是自然法的基石」。雖然他也不能免俗的說「自然法」的「制定者就是宇宙的創造者」[29]，並指出法律分為神法和人法。但他仍然

子研究專號》（2006年12月），頁15-31。林宏星指出荀子的刑罰觀兼具報應論與功利論。參見林宏星：〈「報應論」抑或「功利論」？——荀子刑罰觀的哲學依據〉，《臺灣東亞文明研究學刊》第10卷第1期（總第19期，2013年6月），頁183-217。

29 普芬道夫（Samuel Pufendorf）著，鞠成偉譯：《人和公民的自然法義務》（北京：商務印書館，2009年），頁35。

強調：「自然法是與人的理性和社會性相契合的法律，如果離開了它根本就不可能有善而和平的人類社會存在。」[30]因此「社會性法律——教導一個人如何使自然成為人類社會一個有用成員的法律——就是自然法」。[31]

顯然這樣的看法近於儒家法哲學，與荀子對「群」、「類」的特別著重更是神似。對荀子而言，「群」、「類」不僅是人的本質，也是動植物的本質。荀子說：「草木疇生，禽獸群焉，物各從其類也。」（〈勸學〉）人的祖先崇拜也是基於類意識：「先祖者，類之本也。」（〈禮論〉）荀子又說：「人生不能無群。」（〈王制〉）、「君者何也？曰：能群也。」（〈君道〉）荀子也重視分配的正義：「群而無分則爭」。「分」作為分配、分擔與分享之意在荀子倫理學中是核心概念。

四、黑格爾《法哲學原理》的對象：道德與倫理

黑格爾《法哲學原理》包含三篇：「抽象法」、「道德」與「倫理」。按黑格爾的辯證哲學觀點，作為法的初始階段的「抽象法」會向「道德」發展，「道德」再向「倫理」發展，才達到真正的法。全書共360節，「導論」佔33節，「抽象法」佔71節，「道德」佔37節，「倫理」則佔了219節，是法的最高階段。「倫理」又包含「家庭」、「市民社會」與「國家」。可見黑格爾的法哲學即其倫理學，也是其政治哲學。「法」字譯自德文Rechts，英文譯為Right，中文或譯為「權利」，由於法哲學所關切者不僅是權利，因此中文學界多譯為「法」。黑格爾開宗明義言道：「法哲學這一門科學以法的理念（the Idea of right），即法的

---

30 同前注，頁58。

31 同前注，頁61。

概念及其現實化（actualization）為對象。」（第1節）對黑格爾而言，「理念」必須是概念及其實現的合一，未實現的概念不是理念。

黑格爾認為在習慣上雖然「道德」與「倫理」幾乎是同義詞，但在《法哲學原理》，他則辨析兩者的本質差異。他認為康德（Immanuel Kant，1724-1804）重視「道德」而忽略「倫理」（第33節）。相較之下，我們可以說黑格爾重視倫理甚於道德。黑格爾如此分辨道德與倫理：

> 這裏我們就有了主觀意志的法（the right of the subjective will），以與世界法及理念的法（雖然僅僅自在地存在的理念）相對待。這就是道德（Morality）的領域。（第33節，重點為原文所有）
>
> 被思考的善的理念在那個自身中反思著的意志和外部世界中獲得了實現，以至於作為實體的自由不僅作為主觀意志而且也作為現實性和必然性而實存；這就是在它絕對地普遍的實存中的理念，也就是倫理（Ethical Life）。（第33節，重點為原文所有）

根據黑格爾的看法，道德涉及的實體是良心，亦即「主觀意志的法」，倫理生活涉及的實體可稱為倫理性實體（ethical substance），包括：

> （一）自然精神——家庭；
>
> （二）在它的分裂或現象中——則為市民社會（Civil Society，或譯為「公民社會」）；
>
> （三）國家（the State），即表現為特殊意志的自由獨立性的那種自由，既是普遍的又是客觀的自由。這一現實的和有機的精神，（甲）其關於一個民族的，（乙）通過特殊民族

> 精神的相互關係，（丙）在世界歷史中實現自己並顯示為普遍世界精神。這一普遍精神的法乃是最高的法。（第33節，重點為原文所有）

簡言之，倫理性實體為家庭、市民社會與國家。家庭由婚姻的自然屬性（性愛、生養子女）發展而來，所以黑格爾認為家庭是自然精神，他在另一處也強調家庭是「直接的或自然的倫理精神」（第157節）。第二點關於市民社會是分裂或現象中的倫理性實體則較家庭概念複雜。由於愛是家庭的紐帶，愛即是一種具有將愛的雙方或多方融合為一體的力量，因此「家庭成為一個人」（第163節），也可以說家庭就是一個人。

「市民社會」則是由許多個人所組成，「每個人都以自身為目的」（第182節），「但是如果他不同別人發生關係，他就不能達到他的全部目的，因此，其它人便成為特殊的人達到目的的手段……由於特殊性必然以普遍性為其條件，所以，整個市民社會是中介的基地」（第182節）。中介是指個人與其他人之間、特殊性與普遍性之間的中介。黑格爾舉生產者與消費者為例，說明雙方可能因不同利益而發生衝突，但正確的關係會在市民社會的整體中建立起來（第236節）。這就是黑格爾所謂「市民社會是分裂或現象中的倫理性實體」的意思。

相對於家庭，市民社會是「公」，公的位階高於私。「家庭應該照料個人的生活，但它在市民社會中是從屬的東西，它只構成基礎。」（第238節）終究個人是「市民社會的子女，市民社會對他得提出要求，他對市民社會也可主張權利」（第238節）。（重點為原文所有）而國家居於更高的位階，如上面引文所示，國家既體現民族精神，也體現世界精神，即最高的法。

黑格爾說：「國家直接存在於風俗習慣中，而間接存在於單個人的自我意識和他的知識和活動中。」（第257節）風俗習慣是人民在長期的共同生活中積澱下來的文化元素，國家與民族連結為民族國家是文藝復興以來的歐洲極重要的政治發展。黑格爾認為「一個民族的國家制度必須體現這一民族對自己權力和地位的感情，否則國家制度只能在外部存在著，而沒有任何意義與價值」（第274節）。他提出「國家制度的歷史制約性」（第274節），反對「先驗地給一個民族以一種國家制度」（第274節）。黑格爾哲學的歷史性再度展現於他對民族國家的論述。西方中心論者以為西方政治制度可放諸四海而皆準地實行於非西方國家，顯然不符合黑格爾的民族國家的概念。

包含著三種倫理性實體家庭、市民社會與國家的倫理生活與道德的區別何在？黑格爾說：「在法中對象是人（Person），從道德的觀點說是主體，在家庭中是家庭成員，在一般市民社會中是市民（即bourgeois〔有產者〕），而這裡，從需要的觀點說，是具體的理念，即所謂人（Mensch）。」（第190節）（重點為原文所有）「在法中」也就是在「國家中」，Person與Mensch同是人，但又大不相同。Mensch在第35節譯為「人間」，在第49節譯為「人們」，偏向自然的族類意義的人。黑格爾說：「人間（Mensch）最高貴的事是成為人（Person）」（第35節）Person又譯「人格」，Person即「單一的意志人」（第34節）。人格為何？「人格一般包含著權利能力，並且構成抽象的從而是形式的法的概念，……法的命令是：成為一個人（person），並尊敬他人為人。」（第36節）因此道德關涉的是道德主體，倫理關涉的是人（Person），精確的說是作為法的對象的人，也就是已經從具自然屬性的人（Mensch）成為具有人格的人（Person）。具人格之人還需「尊敬他人為人」，在相互尊敬中，彼此共同組成了市民社會與國家。

對於倫理生活的劃分，荀子與黑格爾有相似之處。如果市民社會相當於荀子所說的「鄉」，國家制度相當於荀子的「王制」。其次就法的歷史制約性而言，荀子也與黑格爾相近。荀子的「鄉」和孟子的「鄉」都介於家庭和國家之間。包含國家之更大者為天下，天下近於黑格爾的「世界」。孟子曾言：「一鄉之善士，斯友一鄉之善士；一國之善士，斯友一國之善士；天下之善士，斯友天下之善士。」（《孟子・萬章下》）荀子論樂則言：「吾觀於鄉，則知王道之易易也。」（〈樂論〉）這樣一個鼓勵善士相友，並在鄉飲酒禮的和樂環境中實現王道的國家就是任劍濤說的「文化國家」，「文化在國家的運作中發生軸心作用」。[32]

由鄉飲酒禮的行禮如儀、和樂不流、安燕不亂可見出一個文化國家如何在日常生活世界中實現王道。王道是最高的客觀精神，相當於黑格爾的世界精神。這至高精神流行之際看似平易，卻是基於辛苦的教化。而教化是道德與倫理的一大分水嶺。從另一角度來說，對惡的處理方式不同也使道德與倫理有所區別。惡對於道德的主體可以是內在的，也可以是異己的，惡的處理對道德主體總是一個問題，即使不是難題。但惡對倫理則不構成難題，倫理以教化為能事，惡或善皆可在教化中獲得轉化，惡可轉化為善，善可以更善。

最內在的道德主體是「良心」（Gewissen），黑格爾說：「良心是自己同自己相處的這種最深奧的內部孤獨。……良心知道它本身就是思維，知道我的這種思維是唯一對我有拘束力的東西。」（第136節）此處的良心與荀子的「慎獨」之「獨」及作為「形之君」、「神明之主」的「心」具有家庭類似性。慎獨是荀子的道德思想中的核心概念，但荀子思想之最大重點還是落在倫理，以王道、王制為至高概念的倫理。良心既是

32 參見任劍濤：《複調儒學：從古典解釋到現代性探究》（臺北：國立臺灣大學出版中心，2013年），頁29。

自知為「唯一對我有拘束力的東西」，則說明「我」之中存在有待拘束之力，與作為拘束力的良心之間存在互相抗衡的關係。

良心的概念即預設道德主體中的善惡並存。不論是惡的意識或惡的意志若在萌發之初未受良心拘束，而發為惡行，又因僥倖而穿過法的罅隙，未受到懲罰，則最終仍逃不過良心的譴責。所以良心是道德的最後防線。因此良心就是「主觀意志的法」（第33節），良心彷彿在人類行動前預設的法律，也彷彿人類犯行後進行判決的法官。人自訂法，自守法或違法而自我判決，接受良心的裁罰，這便是自由的意志、自律的主體。所以黑格爾說：「自由意志的定在，就叫做法，……法就是作為理念的自由。」（第29節）

在《精神現象學》，黑格爾已談過良心，稱之為「在自己本身內的自我的自由」[33]，為何是「自我的自由」？因良心是「已經達到了自己的真理性的教化世界的自我，或者說，是一分為二之後重建起來的精神，是絕對自由」。[34]黑格爾不認為良心是先驗而有，而是教化而有，當然教化必以人的潛能為基礎。黑格爾反對直接性，良心是經過教化的自我，教化含欲教化自己的自我及待教化的自我，故說一分為二。然成功的教化，合這兩個自我為一，故說是重建起來的精神，是絕對自由，因成功教化的自我可以「從心所欲不踰矩」（《論語・為政》），故是絕對自由。又說「良心是不同的自我意識的公共元素」，[35]這近於荀子說的「公心」。

到了《法哲學原理》，黑格爾則闡述了更具法學意識的良心概念。良心作為道德主體性的「法」與倫理實體性的「法」有所區別。倫理實體的

---

33 黑格爾（G. W. F. Hegel）著，賀麟、王玖興譯：《精神現象學》，下卷（新竹：仰哲出版社，1982年），頁165。

34 同前注，頁165。

35 同前注，頁170。

法之所以高於道德主體的法，是因為倫理實體的法可以成就更高、更具公共性的善。黑格爾說「善就是被實現了的自由，世界的絕對最終目的」（第129節），「實現了的」（realized）在黑格爾哲學中極為關鍵，也成為青年黑格爾學派批判老黑格爾的重點。自由若最終不是實現為自由的社會、自由的公共世界，而只是靈魂深處的事件，則不是真自由，也不是最高的善。青年黑格爾學派乃至西方馬克思主義者即批評黑格爾還是讓自由停留在由理念編織而成的華麗羅網，因而是「未能善盡職責的觀念論」，[36]那麼善盡職責的觀念論為何？即是將自由的理念（最高的理念為自由）充分實現的觀念論。

五、邠國的故事：孟荀的「主權在民」思想

孟子說過一個生動而意味深長的邠國的故事：

> 昔者大王居邠，狄人侵之。事之以皮幣，不得免焉；事之以犬馬，不得免焉；事之以珠玉，不得免焉。乃屬其耆老而告之曰：「狄人之所欲者，吾土地也。吾聞之也：君子不以其所以養人者害人。二三子何患乎無君？我將去之。」去邠，踰梁山，邑于岐山之下居焉。邠人曰：「仁人也，不可失也。」從之者如歸市。
>
> 《孟子・梁惠王下》

---

36 Herbert Marcuse, "A Note on Dialectic," in *The Essential Marcuse: Selected Writings of Philosopher and Social Critic Herbert Marcuse*, Andrew Feenberg and William Leiss (eds.) (Boston: Beacon Press, 2007), p. 66. 中譯參考馬庫色（Herbert Marcuse）：〈辯證法箋註〉，收入黃瑞祺編著：《批判理論與現代社會學》（臺北：巨流圖書公司，1985年），頁236。

邠國大王在狄人屢次入侵，事之以皮幣、犬馬、珠玉仍不得免之後，得知狄人所圖者為土地，乃離開邠國，將土地讓予狄人，邠王認為土地乃所以養民，不能因土地而害人。我們可以感受到邠王說「二三子何患乎無君？我將去之」的慷慨，以及邠王去邠居於岐山之下的泰然。孟子認為真正的王一心唯以人民的幸福為念，不僅讓出土地，還離開國家，放棄王位乃餘事耳。最後邠國人民視為仁人而歸之。這可以說是孔子「天下歸仁」的故事。值得注意的是故事中彰顯的人民選擇自己國君的主權意識。

邠王沒有像現代國家的領袖在遭遇外國入侵時，以武力捍衛領土，而是放棄王位，離開故國，這看似投降的行為，是為了讓人民免於戰爭之禍。從狹隘的主權觀來看，邠王是視人民的福祉遠高於主權。但邠國人最終選擇歸附邠王，體現了黑格爾主權在民的思想。黑格爾指出「只有人民對外完全獨立並組成自己的國家，才談得上人民的主權」（第279節），而不再擁有自己的國王或自己的政府的人民，就不是有主權的人民。（第279節）邠國人選擇自己的國君，用黑格爾的話，可說是人民主權的思想相當濃厚。

荀子亦以人民的地位為遠高於土地。他認為奪國者為「霸」，奪土地者為「彊」，也就是連「霸」都稱不上，唯有奪取人民才是「王」。[37]他又說：「用彊者，人之城守，人之出戰，而我以力勝之也，則傷人之民必甚矣。」（〈王制〉）這正是邠王的考量，不願出戰而傷民。荀子說：「彼王者不然，仁眇天下，義眇天下，威眇天下。……故不戰而勝，不攻而得，甲兵不勞而天下服，是知王道者也。」（〈王制〉）可見邠王正是以其王道而吸引邠國人民來附。孟子充滿理想性的故事，在荀子筆下，化

37　見〈王制〉：「王奪之人，霸奪之與，彊奪之地。」

做嚴謹的論述，但兩人「主權在民」的思想完全吻合，代表儒家的政治思想。當然，邠國故事太美好，在土地資源相對豐富的古代才可能發生。

荀子批評「彊者」是「地來而民去」（〈王制〉），顯然孟子所說侵略邠國的狄人即彊者。彊者能奪人土地，但土地上的人民終究還是追隨他們的國君而去。可見國家包含土地、人民與國君（君子）。荀子說：「川淵者，龍魚之居也；山林者，鳥獸之居也；國家者，士民之居也。川淵枯則龍魚去之，山林險則鳥獸去之，國家失政則士民去之。」（〈致士〉）又說：「無土則人不安居，無人則土不守，無道法則人不至，無君子則道不舉。故土之與人也，道之與法也者，國家之本作也；君子也者，道法之總要也。」（〈致士〉）這裏說得更清楚，土、人、道、法與君子共同構成國家。「無君子則道不舉」頗似劉勰（465-520）「道沿聖以垂文」之說（《文心雕龍・原道》），土與人的關係如邠國的故事，土所以養人，不應成為害人之物，這在當今寸土必爭的領土概念中顯然不合時宜。

「道」與「法」的關係可理解為道是法的精神，法是道的明示。也可以用黑格爾的話來理解：「國家是地上的精神，這種精神在世界上有意識地使自身成為實在。……國家的根據就是作為意志而實現自己的理性的力量。」（第258節）荀子視「君子」為道法總要，或許會被批評為儒家重人治，不重法治。但這種批評忽略，儒家的君子或聖王本身必須是道法的化身，如劉勰之言：「聖因文而明道」（《文心雕龍・原道》）。從邠國的故事，王是被人民選擇的，也可說是通過民意的檢驗，若王不受人民歸附，便不是道法總要。所以人民依然是檢驗王霸的關鍵。雖然西方主權在民的思想是盧梭（Jean-Jacques Rousseau，1712-1778）之後的政治思想主流，但先秦儒家已經以華夏民族獨特的思想語言加以表述，值得我們以現代中文重新加以再述。

主權在民的思想包含對公共性的思考，因為「民」的身分意味著人不再是單獨的個體，而是市民社會的一員，「市民社會」或譯「公民社會」，民即公民，是共同體的一員。在荀子的語彙中，「公」與「私」相對，而「公」又與「法」通用。如〈修身〉論君子的修養言：「怒不過奪，喜不過予，是法勝私也。《書》曰：『無有作好，遵王之道。無有作惡，遵王之路。』此言君子之能以公義勝私欲也。」此處明顯以「法」通於「公義」。有時「法」也與「共」相通，如荀子引《詩經・商頌・長發》：「受小共大共，為下國駿蒙。」（〈榮辱〉），說明「仁人在上」的社會各安其所，「各得其宜」，達到「不同而一」的「人倫」世界。

「法」通於「公」，又通於「共」，所以法的終極關懷即公共性。荀子特重公私之辨。除上述「以公義勝私欲」，亦言「公道達而私門塞矣，公義明而私事息矣」（〈君道〉）、「旁辟曲私之屬為之化而公」（〈議兵〉），於〈彊國〉談入秦見其士大夫「出於公門，歸於其家，無有私事也；不比周，不朋黨，倜然莫不明通而公也」。公私分明的關鍵在於「分」，人人謹守職分，與他人分工合作，努力於分內之事，不越分，即所謂「敬分」，如言「敬分安制」（〈王霸〉）、「遵法敬分」（〈君道〉）。因此公共性並不是凌駕所有人之上的實體，而是存在於每個遵法敬分的個人之間，「化而公」也說明了需通過教化才能培養公民意識。自古希臘以來，公共性就被視為神聖的。一方面法的神話、神學的起源賦予其神聖性；另一方面，神聖性還在於其不可侵犯的地位。因此任何人對共享法律的另一個人的傷害皆視為對全體的傷害。（第218節）[38]

38　這一點黑格爾在《法哲學原理》論述深入，不過這是梭倫（Solon，638-558 B.C.）以來的西方傳統思想。

六、罪的主體及孝作為個人權利

從《尚書》到《荀子》可以看到罪與罰中存在著主體，犯罪者具有作惡的意志，有時知法犯法、故意作惡。犯行之後面對法的處罰不論過程是否有所抵抗，《尚書》的作者與荀子都認為犯罪者能認罪並接受處罰。我們不禁要問未受開化或不受教化的人有可能甘心服罪嗎？對完全不受教化的人（荀子所謂「朱象不化」），《尚書》和《荀子》皆稱之為「元惡」。元惡會認罪而服罪嗎？

法的有效運作其實預設一個經過充分教化的社會。在這個社會，生活於其中的人們共同接受一套法律，且通過這一共同法律而組成共同體。法律看似約束人的自由，事實上卻是共同體解放之初的第一樁共同事業。出埃及之後的摩西（Moses）頒佈十誡，從羑里之囚解放出來的文王制訂法律。這不是偶然的相似，而是從憂患意識中孕育出來的對長治久安的堅定要求，而此要求惟有法律可能加以實現。徐復觀（1904-1982）對周初文獻中透顯的「憂患意識」分析入微。他認為憂患意識是「人類精神開始直接對事物發生責任感的表現，也即是精神開始有了人地自覺的表現」。[39]若說在憂患意識中，當事者發現了自己在行為上應負的責任，[40]則罪的主體也是能為自己行為負責的主體。《尚書》作者與荀子都相信即使犯人作惡，亦不失為主體。

因基督教的影響，罪的主體在西方哲學中獲得豐富深入的闡述，儒家法哲學對罪的主體也十分重視。所有犯罪者並非皆相同的惡，而是犯罪情節輕重有別，而量刑亦相應而有輕重之別。故法律文獻往往具有文學

39 徐復觀：《中國人性論史：先秦篇》（臺北：臺灣商務印書館，1978年），頁21。

40 同前注。

性，甚至戲劇性，於是出現了法律文學的專業。犯罪的法律文件往往包含惡的敘事，犯罪主角與犯罪情節是敘事中的兩大元素。《尚書・呂刑》之「輕重諸罰有權，刑罰世輕世重」中的「權」正說明刑罰需視犯罪情節而定。針對〈呂刑〉的看法，法律學者認為這便是「量刑要結合形勢，考慮案件的具體情節」。[41]犯罪者既是犯罪行為的主體，其自白即其主體性的表現。

黑格爾指出「要求罪犯方面的自白」，「可在德國法中見到」（第227節）。這在古代中國亦然，自白即口供。黑格爾的進一步闡述很深刻，他認為自白是「要求罪犯的心靈中作出有罪或無罪的宣告」（第227節）、「只有罪犯自白，判決才不再對他是異己的東西了」（第227節）。判決作為法的一環，若非犯罪人的異己之物，則說明法是固有權利而非外在義務。黑格爾認為應「按照人應享有的法和尊嚴來處理犯人」（第132節）。他又說：「認為刑罰既被包含著犯人自己的法，所以處罰他，正是尊敬他是理性的存在。如果不從犯人行為中去尋求刑罰的概念和尺度，他就得不到這種尊重。如果單單把犯人看做應使變成無害的有害動物，或者以儆戒和矯正為刑罰的目的，他就更得不到這種尊重。再其次，就正義的實存形式來說，它在國家中所具有的形式，即刑罰。」（第100節）（重點為原文所有）在這一系列的法哲學影響之下，精神病患不負刑責，強調罪犯的人權，乃至廢死等等主張，皆可找到根源。

法的公共性就在於當法頒佈之時，即宣示群體中的每個人受到法的保障，也會在犯罪時受到法的制裁。因此任何犯罪行為都不只是對個別受害者的傷害，而是對群體的傷害。所以說刑罰雖是一種報復，但又不只是報復，而是對報復的超越。保羅・里克爾（Paul Ricoeur，1913-2005）在

---

41 張紫葛、高紹先：《《尚書》法學內容譯注》（北京：商務印書館，2014年），頁125。

《惡的象徵》（*The Symbolism of Evil*）中指出：「有罪代表罪的意識的內在化與人格化」[42]，又說：「在祈禱動作中，罪人完全成了罪的主體（the subject of sin），就像毀滅的可畏上帝同時成了至上的你（Thou）一樣。」[43]里克爾論述的基督教色彩較濃厚，但就犯罪者的主體概念而言，與黑格爾近似。

中國雖然沒有唯一神教的傳統，但對罪的主體亦有所發現。從以下個段可看出從《尚書》到《荀子》的發展：

> 凡民自得罪，寇攘姦宄，殺越人于貨，暋不畏死，罔弗憝。
>
> 《尚書・康誥》

「自得罪」指自己犯罪，非被逼犯罪。《荀子・君子》曾引「凡民自得罪」，而改為「凡人自得罪」。並言：

> 聖王在上，分義行乎下，……世曉然皆知夫為姦則雖隱竄逃亡之由不足以免也，故莫不服罪而請。
>
> 〈君子〉

> 故刑一人而天下服，罰人不郵（訧）其上，知罪之在己也。
>
> 〈議兵〉（重點為筆者所加）

這些「得罪」、「服罪」、「知罪」的「自」與「己」即罪的主體，荀子比《尚書》的作者更重視罪人的主體意識，《尚書》的作者僅述及「自得罪」，荀子更進一步提出犯罪者不僅知罪之在己，並自請服

---

42 保羅・里克爾（Paul Ricoeur）著，翁紹軍譯：《惡的象徵》（臺北：桂冠出版社，1992年），頁66。

43 同前注，頁72。

罪。人民能知罪之在己，還能自請服罪，這是何等盛世？荀子認為這是聖王之世。教化是聖王之世最偉大的事業。禮教先行，法律在後。法的世界作為倫理世界，是奠基於教化。無教化，則法是人的異己之物。荀子言：「禮者，法之大分，類之綱紀也。」（〈勸學〉）《荀子・致士》引《尚書・康誥》云：「《書》曰：『義刑義殺；勿庸以即，女惟曰未有順事。』言先教也。」「先教」即指教先於刑。「義刑義殺」是「宜刑宜殺」，「勿庸以即」是指即使刑殺得當，亦不必立即執行，執法者尚需思考自己「未有順事」，荀子認為「未有順事」是指教化工作不完善。這是儒家的理想世界，在這理想世界中，執法者面對犯罪尚思考自己的責任，荀子直接釋為「先教」，是確解。而在犯罪的這方，能知罪而服罪，此罪的主體即公民意識的徹底展現。

就荀子將孝視為權利，而不只是義務，亦可見出荀子對犯罪者尊嚴的認知。荀子在〈禮論〉提及刑餘罪人之喪不能如一般人隆重，「無哭泣之節，無衰麻之服」，喪禮為人子盡孝之節，但刑餘罪人之喪，盡孝權利被剝奪，並稱為「至辱」。唯有在一個社會中的人皆視孝為不可剝奪的權利之時，對罪人之喪的限制才能成為一種懲罰。但我們亦不能否認對於罪犯的孝子，如此剝奪其盡孝的權利，是極殘忍的。荀子的論述極深刻，從罪與罰的角度闡發孝的價值。罪的主體當然沒有道德實踐的主體那麼高貴與幸運，但在犯罪知罪而後自請服罪的過程，這主體的能動性並不低於道德主體，知罪而自請服罪就是以自己信服的法自裁。按荀子與黑格爾的說法，這便是意志的自由。誠然世界之善的根源在於道德主體，然那知罪而自請服罪甚至懺悔的主體亦是根源之一。荀子的主體概念既包含道德主體，也包含法政主體，是多元主體的概念。[44]

---

44 蔣年豐（1955-1996）認為「儒家並未把法政主體開出來」、「儒家的原始思想中也的確沒有這個

七、結語

大體言之，以荀子為代表的儒家法學與英法注重自然權利的自然法學派並不相應，而與重視義務、社會性的德國自然法學派則多有不謀而合之處。在德國，自普芬道夫之後，終於發展出反自然法的黑格爾法哲學。普芬道夫受時代限制，對一神教的權威不能不有所讓步，其自然法學說不無自相矛盾之處。荀子和黑格爾都認為自然的位階低於精神，自然的直接性是處在有待精神加以提昇的狀態。兩位思想家也不認為神性能為法律帶來保障。法是人所制定，唯有人能加以保護。

在自然法仍處在法力無邊的時代，黑格爾已率先將神性織成的自然法外衣褪下，其法哲學完全不論自然法，他僅在《精神哲學》一個小段落略述自然法的矛盾：自然法這個術語「含有這樣的歧義：或者法作為某種以直接自然的方式存在的東西」、「結果就是同時要虛構一種自然法在其中有效的自然狀態。而與此相反，社會和國家的狀態倒是要求並帶有某種對自由的限制和對自然權利的犧牲。但是，實際上法和一切法的規定僅僅是基於自由的人格，即基於一種其實是自然決定的反面的自我決定。因此，自然權利就是強者存在和暴力有理，而自然狀態即是暴行和不法的狀態，關於這種狀態除去說必須從它走出來以外，就沒有比這更真實的話可說了。相反地，社會其實倒是那個只有在那裡法才有其現實性的狀態；必須加以限制和犧牲的正是自然狀態的任性和暴行」。[45]黑格爾認為直接自

精神的側面在。」蔣年豐以「法政主體」期許儒家，認為「儒家的道德主體為法政主體預定了位子。」蔣年豐似乎忽略了法政主體在《尚書・呂刑》已經萌芽，在《荀子》已略具雛形。上述蔣年豐的引文參見蔣年豐：〈法政主體與現代化社會——當前儒家應該思考的問題〉，《海洋儒學與法政主體》（臺北：桂冠圖書公司，2005年），頁271、257-258。

45 黑格爾（G. W. F. Hegel）著，楊祖陶譯：《精神哲學——哲學全書・第三部分》（北京：人民出版社，2006年），第502節，頁322-323。

然者即屬於非自我決定，亦即非自由的領域。而法應基於自由的人格，自然法本身因此是矛盾的概念。針對法的最高理念，黑格爾說：

> 法的命令是：「成為一個人，並尊重他人為人。」（第36節）
>
> 法的理念是自由。（第308節）

整合這兩段話我們可以說，法的最高理念是成為自由的人，並尊重他人為自由的人。這與儒家仁說若合符節。而人的本質為何？是「類」。黑格爾說：「個人是類」（第308節）。每個人都是作為個人的類，也是作為類的個人。黑格爾說：「國家的成員是私人，而作為能思想的人，他又是普遍物的意識和意志。」（第308節）

按荀子與黑格爾的看法，人不是天生自由，也不是一生下來就能意識到自己是類的存有，而僅具有成為自由之人與類之個人的潛能，人必須通過不斷的學習和教養，克服人性中自然的直接性，而最終成為社會中的一員。對黑格爾和荀子而言，自然即使不具貶意，也屬於人性與社會的初始階段，有待克服。因此從究竟義而言，荀子和黑格爾一樣，與自然法並不相應。

總而言之，孟子非不重倫理，荀子非不重道德。但我們仍然可以說，孟子偏重道德，而荀子偏重倫理。荀子的「法」哲學和黑格爾的「法」哲學一樣是以倫理世界的建立為最高目的。黑格爾批評康德以道德取消了倫理。黑格爾給予倫理高於道德的位階，因為道德關心的是良心、意志、主體性和內心生活，而倫理生活包含家庭、市民社會和國家，是自由理念的實現和客觀化。對黑格爾而言，道德即使不是抽象的、空的善，也是無力的善，只有倫理才是活的善、具體的善、有力的善，充分實現自己的善。雖然五倫由孟子提出，但荀子在倫理方面的建樹尤為可觀。通過黑格爾法哲學的參照，重新挖掘荀子以倫理為歸宿的法哲學思想應是值得努力的工作。

6

清末民初「道統」觀念的討論及其特色

以嚴復的韓愈觀為中心

小野泰教
學習院大學外國語教育研究中心副教授

一、前言

在討論中國思想史上的道統觀念時，韓愈的思想極為重要，特別是其〈原道〉一文更是不可或缺的考察材料。〈原道〉是韓愈為了主張儒教的正統性而作，其中嚴厲地批判佛教與道教，文中主要的論點有二：一是帶給人類文明的聖人君主的重要性，另一為自堯舜至孟子留傳下來的聖人君主之道的系譜，亦即道統觀。到了宋代，朱熹繼承了韓愈的道統觀，並將之視為己身思想的重要因素。日後，在朱子學成為主流思想的過程當中，這一道統觀也日漸為中國的知識分子所接受。

韓愈的道統觀對清末的知識分子而言，亦是極重要的思想課題；筆者在本文中所關注者，為嚴復（1854-1921）所撰的〈闢韓〉一文。〈闢韓〉裡對韓愈的〈原道〉，特別是其聖人君主觀作了尖銳的批評。

以往的嚴復研究者也大多都關注〈闢韓〉，基本上也都給予很高的評價，這是因為他們認為嚴復在文中對君主專制制度提出的尖銳批評，也關注人民自由權，在清末當時可謂相當先進。[1]另有研究認為〈闢韓〉是篇有著特定時代背景的文章，嚴復撰寫〈闢韓〉的目的，乃在於批評其上司李鴻章。[2]

對此，筆者注意到，除了〈闢韓〉之外，嚴復尚有另一個對韓愈的評價，並且這個評價還不算低。此即其對韓愈的文章論的評價。筆者想探討的是，這兩種評價在嚴復的思想裡到底具有什麼樣的關係？本文將藉由探討這個問題，來闡明清末民初道統觀念的樣態與變遷。

---

1 林安梧：〈「傳統」與「啟蒙」——以嚴復〈闢韓〉及韓愈〈原道〉為對比的展開〉，《中國近現代思想觀念史論》（臺北：臺灣學生書局，1995 年）；周志文：〈論嚴復的〈闢韓〉〉，收入《中國近代文化的解構與重建：嚴復》（臺北：國立政治大學文學院，1996年）；重見利惠子：〈《闢韓》に關する考察〉，《東洋大學大學院紀要（文學研究科）》第39集（2002年）。

2 王憲明：〈解讀《闢韓》——兼論戊戌時期嚴復與李鴻章張之洞之關係〉，《歷史研究》第4期（1999年）。

二、嚴復的〈闢韓〉

嚴復的〈闢韓〉首先發表在1895年3月13-14日天津的《直報》上，並轉載於1897年4月12日《時務報》第23冊；此後出現了對〈闢韓〉的批評，這是1897年6月20日《時務報》第30冊所刊的〈孝感屠梅君侍御辨〈闢韓〉書〉。顯然，〈闢韓〉已在知識界裡掀起波瀾。

筆者於此先簡介〈闢韓〉的內容。嚴復針對韓愈〈原道〉批評的主要論點有二：一為韓愈的聖人君主觀，另一為韓愈以君為主的社會觀。

關於第一點，嚴復引用了韓愈的觀點如下：

> 古之時，人之害多矣。有聖人者立，然後教之以相生相養之道，為之君，為之師，驅其蟲蛇禽獸而處之中土。寒，然後為之衣；飢，然後為之食。木處而顛，土處而病也，然後為之宮室。為之工以贍其器用，為之賈以通其有無，為之醫藥以濟其夭死，為之葬埋、祭祀以長其恩愛，為之禮以次其先後，為之樂以宣其湮鬱，為之政以率其怠倦，為之刑以鋤其強梗。相欺也，為之符璽、斗斛、權衡以信之；相奪也，為之城郭、甲兵以守之。害至而為之備，患生而為之防。

對此，嚴復認為：「如古無聖人，人之類滅久矣。何也？無羽毛、鱗介以居寒熱也，無爪牙以爭食也。如韓子之言，則彼聖人者，其身與其先祖父必皆非人焉而後可，必皆有羽毛、鱗介而後可，必皆有爪牙而後可。使聖人與其先祖父而皆人也，則未及其生，未及成長，其被蟲蛇、禽獸、寒飢、木土之害而夭死者，固已久矣，又烏能為之禮樂刑政，以為他人防備患害也哉？」[3]，也就是說，「文明緣起聖人論」這樣的觀點從根

3　嚴復著，收入王栻編：《嚴復集》，第1冊（北京：中華書局，1986年），頁32-33。

本上而言便是錯誤的。

那麼，嚴復對文明的起源有甚麼看法呢？

> 且韓子胡不云：民者，出粟米麻絲、作器皿、通貨財以相為生養者也，有其相欺相奪而不能自治也，故出什一之賦，而置之君，使之作為刑政、甲兵，以鋤其強梗，備其患害。然而君不能獨治也，於是為之臣，使之行其令，事其事。是故民不出什一之賦，則莫能為之君；君不能為民鋤其強梗，防其患害則廢；臣不能行其鋤強梗，防患害之令則誅乎？[4]

在嚴復看來，社會應以人民為主，人民自有其形成社會的自治能力，為了防止彼此間的爭鬥，才推舉出君主與臣僚；換句話說，「君臣之倫之出於不得已」，「唯其不得已，故不足以為道之原」。[5]

嚴復也指出，現在還是需要君主的時期。原因在於「其時未至，其俗未成，其民不足以自治也」[6]；即便如此，君主也需有如下的自覺：

> 吾（君——筆者）之以藐藐之身托於億兆人之上者，不得已也，民弗能自治故也。民之弗能自治者，才未逮，力未長，德未和也。乃今將早夜以孳孳求所以進吾民之才、德、力者，去其所以困吾民之才、德、力者，使其無相欺、相奪而相患害也，吾將悉聽其自由。民之自由，天之所畀也，吾又烏得而靳之！如是，幸而民至於能自治也，吾將悉復而與之矣。唯一國之日進富

4　同前注，頁33。

5　同前注，頁34。

6　同前注，頁34-35。

強，余一人與吾子孫尚亦有利焉，吾曷貴私天下哉！[7]

那麼，韓愈何以會有以君為主這樣的錯誤觀念呢？此因「如彼韓子，徒見秦以來之為君」[8]，亦即，韓愈是藉由秦以後的君主形象以建構其聖人君主像，並將其行為視為對道的體現。

三、韓愈思想詮釋史上所見之嚴復的特徵

以上是嚴復〈闢韓〉的大要。筆者在本節想討論〈闢韓〉在韓愈思想的詮釋史上，可能有什麼樣的特徵？

首先來對清末為止的韓愈思想詮釋史稍作梳理。[9]韓愈的思想，特別是其〈原道〉，對唐代以後的大多數士大夫而言，是自身思想的先驅；然而對韓愈與〈原道〉的批評也並不少見。

筆者關注的批評有如下二個面向：首先是關於韓愈的道統觀。韓愈在〈原道〉中以道統的繼承者自居，對此，認為韓愈的能力不足者有之[10]，對韓愈聖人之道的詮釋——仁義道德的詮釋提出批評者亦有之。[11]

再者為對韓愈「文以載道」的批評。韓愈認為文章是表達道的重要工具，其撰文也不用時下流行的駢儷文，而採先秦兩漢的文體；此一寫作態度遂引起了日後的古文運動。對此，有論者認為韓愈對道與文的態度有錯

---

7 同前注，頁35。

8 同前注。

9 關於韓愈思想詮釋史，參看下面的文獻。吳文治：〈前言〉，《韓愈資料彙編》，第1冊（北京：中華書局，1983年）。

10 比如，蘇軾在〈韓愈論〉中說：「韓愈之於聖人之道，蓋亦知好其名矣，而未能樂其實」。同前注，頁145。

11 朱熹在《朱子語類》上說：「如〈原道〉中說得仁義道德煞好，但是他不去踐履玩味，故見得不精微細密」。同前注，第2冊，頁413。

誤[12]；另有論者認為韓愈儘管具備了作為文人的優秀才能，但是對道的理解卻不夠充分。[13]

總之，過往對於〈原道〉的批評要點在於道統觀、文以載道觀念與韓愈的關係，以及對仁義道德的詮釋等。

那麼，在這一韓愈思想的詮釋史裡，嚴復又具有甚麼樣的特色呢？嚴復觀點的第一個特色是，其未對道統觀提出批評。嚴復對於道的內容的確有過意見，並提出了新的概念：「道在去其害富害強，而日求其能與民共治而已」。[14]但是，對於韓愈提出的道統觀——道由堯至孟子而傳承下來這樣的看法，嚴復並沒有做出批評。

第二個特點在於，嚴復關注聖人君主自身，並提出了與韓愈完全不同的聖人君主觀，且嚴復認為，人民並不僅是被君統治的對象，而是具有自治能力者。這樣的看法顯然有西方民主思想的色彩，而這樣的韓愈批評則可謂前所未有者；如上所述，嚴復〈闢韓〉也受到了批判，而批判炮火的集中處正在於此。

但是，筆者在此產生了懷疑。如果只批評君主專制制度的話，嚴復為甚麼要選擇韓愈〈原道〉作為批評對象？〈原道〉的聖人君主觀在儒家思想中相當普遍，換句話說，就君主專制制度作批評時，並不必然非得提及韓愈不可。

其實，上述的疑問也可見於批判嚴復的意見裡，如〈孝感屠梅君侍御辨〈闢韓〉書〉言道：

---

12 陸九淵在《語錄》上說：「六經註我，我註六經。韓退之是倒做，蓋欲因學文而學道」。同前注，頁437。

13 張耒在〈韓愈論〉上說：「韓退之以為文人則有餘，以為知道則不足」。同前注，第1冊，頁176。

14 嚴復著，收入王栻編：《嚴復集》，第1冊，頁35。

今以挫於倭之忿恨，有慕於歐洲之富強，直欲去人倫，無君子，下而等於民主之國，亦已誤矣。而咎千載以前之韓子，原道而不知原民主之道，求疵索瘢以闢之。[15]

顯然，這個問題對於當時士人而言也並不清楚。

總之，從韓愈思想詮釋史的角度來看，則會有如下疑問：嚴復為何未提出對於道統觀念的批評？何以選擇韓愈作為批評君主專制制度的對象？筆者將在下節針對這兩點疑問，以及此與嚴復對韓愈的另一個評價之間的關係進行探討。

四、嚴復對韓愈文章論的看法

嚴復的另一韓愈評價，則出現在其翻譯理論當中。筆者認為，嚴復翻譯理論的最重要特色，在於他將翻譯與解讀中國典籍二者等同視之。他在《天演論》自序言道：

自後人讀古人之書，而未嘗為古人之學，則於古人所得以為理者，已有切膚精憮之異矣。又況歷時久遠，簡牘沿訛，聲音代變，則通段難明；風俗殊尚，則事意參差。夫如是，則雖有故訓疏義之勤，而於古人詔示來學之旨，愈益晦矣。故曰：讀古書難。雖然，彼所以托焉而傳之理，固自若也。使其理誠精，其事誠信，則年代國俗，無以隔之。是故不傳於茲，或見於彼，事不相謀而各有合。考道之士，以其所得於彼者，反以証諸吾古人之所傳，乃澄湛精瑩，如寐初覺。其親切有味，較之晛畢為學

15 梁啟超主編：《時務報》（北京：中華書局，1991年中國近代期刊匯刊本），第30冊。

> 者，萬萬有加焉。此真治異國語言文字者之至樂也。[16]

嚴復認為翻譯洋書與解讀中國古代典籍具有類似性的這一態度，表達出他嚴肅看待西方著作，並在其發現中西共有之「理」這一事實；而嚴復這一態度在中國翻譯史可謂具有重要的意義。

當時的嚴復面臨了困難的課題：需以怎樣的文章形式來表達西方著作的「理」？韓愈的文章論，便是嚴復作出的選擇。那麼，韓愈的文章論又何以符合了嚴復的要求呢？

1902年，梁啟超在第一期的《新民叢報》上介紹了嚴復所譯的《原富》，而在對嚴復的學術水平給予極高評價的同時，梁也指出嚴的譯文太過艱澀，只有看懂古文的人才能理解他的翻譯這一缺失。

對此，嚴復的回信發表在《新民叢報》第七期，於此提出了對韓愈的另一評價：

> 竊以謂文辭者，載理想之羽翼，而以達情感之音聲也。是故理之精者不能載以粗獷之詞，而情之正者不可達以鄙倍之氣。中國文之美者，莫若司馬遷、韓愈。而遷之言曰：「其志潔者，其稱物芳。」愈之言曰：「文無難易，惟其是。」僕之於文，非務淵雅也，務其是耳。[17]

嚴復的主張有類於韓「文以載道」的看法，並對韓文給予很高的評價。引文中「文無難易，惟其是」一語出自韓愈〈答劉正夫書〉，此文主要討論古代聖賢怎樣寫文章，後代學者如何學古代聖賢等問題。

筆者所關注者，為韓愈與嚴復所論「惟其是」、「務其是」的意

16　嚴復著，收入王栻編：《嚴復集》，第5冊，頁1319。

17　同前注，第3冊，頁516。

涵。先來看〈答劉正夫書〉的主張：

> 有來問者，不敢不以誠答。或問：為文宜何師？必謹對曰：宜師古聖賢人。曰：古聖賢人所為書具存，辭皆不同，宜何師？必謹對曰：師其意，不師其辭。又問曰：文宜易宜難？必謹對曰：無難易，惟其是爾。如是而已，非固開其為此，而禁其為彼也。[18]

在韓愈看來，「無難易，惟其是爾」這樣的態度乃是植基於古代聖賢的態度，關於這部分，韓愈另道：

> 若聖人之道不用文則已，用則必尚其能者；能者非他，能自樹立，不因循者是也。[19]

據此可知，韓愈的主張無非是「如聖人般地不因循舊法而獨陳己意，承聖人之道的吾人也不應因循舊法而需獨出心裁」[20]；這裡所說的「是」，便是從這樣獨立的寫作態度而產生出的文體。

如上所述，嚴復認為翻譯西方著作與解讀中國典籍是同一件事，並試圖從西方著作裡抽出「理」。在這種情況下，嚴復自韓愈所得到的啟發是：只有使用真正獨立的文體，才能繼承古代聖賢之「理」。據此，我們或許可以認為，嚴復經常提及的文體「雅」、「俗」之別，其所指陳的不僅是文化之高下，而是書寫態度的真正獨立與否。

此外，韓愈的文章論裡有一點看法值得注意：唯有真正獨立的文

---

18 〔唐〕韓愈著，馬其昶校注，馬茂元整理：《韓昌黎文集校注》，上冊（上海：上海古籍出版社，2014年），頁231-232。

19 同前注，頁232。

20 關於這個詮釋，參見下面的文獻。志野好伸：〈北宋初における韓愈の繼承〉，《明治大學教養論集》通卷396號（2005年）。

體，才能永傳後世。

> 夫百物朝夕所見者，人皆不注視也；及睹其異者，則共觀而言之：夫文豈異於是乎？漢朝人莫不能為文，獨司馬相如、太史公、劉向、揚雄為之最。然則用功深者，其收名也遠；若皆與世沈浮，不自樹立，雖不為當時所怪，亦必無後世之傳也。[21]

這樣的看法也可見於嚴復的文字，其以揚雄之語（《漢書•揚雄傳下》）來表達自身的文體：

> 聲之眇者不可同於眾人之耳，形之美者不可混於世俗之目，辭之衍者不可回於庸夫之聽。[22]

嚴復這一觀念與前述意識密切相關，亦即，唯有真正獨立之文才得永存；嚴復進而在這樣的期待之下談到：

> 吾譯正以待多讀中國古書之人。[23]

必須注意，此等翻譯的流傳方式與梁啟超所倡新文學的普及方式完全不同，嚴復也因此積極主張，唯有能理解其翻譯活動之真正意義者，才能接受他這樣的翻譯方式。吳汝綸也在《天演論》序中言道：

> 凡為書必與其時之學者相入，而後其效明。今學者方以時文、公牘、說部為學，而嚴子乃欲進之以可久之詞，與晚周諸子相上下之書，吾懼其併馳而不相入也。雖然，嚴子之意，蓋將有待

---

21 〔唐〕韓愈著，馬其昶校注，馬茂元整理：《韓昌黎文集校注》，上冊，頁232。

22 嚴復著，收入王栻編：《嚴復集》，第3冊，頁517。

23 同前注。

也。待而得其人，則吾民之智瀹矣。[24]

由於在韓愈的思想裡，道統與文統有密切的關係，這樣看來，嚴復可謂積極接受了韓愈的道統與文統觀。

總之，嚴復通過對西方著作的解讀，認為翻譯西籍與解讀古典無異，其課題則在於如何以文章來呈現西籍裡的「理」；其辦法便得自於韓愈的文章論。嚴復受到韓愈繼承古代聖賢之「理」方式的啟發，提出了致力寫出真正獨立之文章這一辦法，而韓愈的文章論也提供了嚴復文統概念。

那麼，嚴復對韓愈文章論的評價與〈闢韓〉之間到底有甚麼關係呢？首先，針對何以未提及道統觀的這一疑問，其原因在於如上所述，嚴復相當認同韓愈的文統觀，而這又與道統觀密切相關的緣故；嚴復為了從西方著作汲取其「理」，便需要韓愈的文統觀念。

再者，嚴復何以選擇韓愈作為批評君主專制制度的對象？筆者以為，嚴復雖然認同韓愈的文章論，然而對於韓愈所提出的道，卻無法接受。也因此，嚴復藉由批評這一部分以換取對於韓愈文章論的接納。亦即，〈闢韓〉對嚴復而言，是批判性地繼承韓愈思想之作。

---

24 同前注，第5冊，頁1318-1319。

五、結語

筆者在本文中，藉由分析嚴復的韓愈觀來描述中國近代道統觀念的部分樣貌。本文的結論有二。首先是〈闢韓〉的評價問題。以往的研究或從批判君主專制制度的角度，或從嚴復與李鴻章等的人際關係來作解讀。筆者則認為〈闢韓〉乃是批判性地繼承韓愈思想之作。

再者為嚴復與韓愈文章論的關係。嚴復在西方著作裡發現了「理」，而韓愈的文章論則提供嚴復繼承此「理」之法；尤其是嚴復關注譯文的真正獨立性，這可說乃是受韓愈文章論之影響。

到了民國時期，嚴復也在白話文運動當中強調韓愈文章論的優點。

> 今夫文字語言之所以為優美者，以其名辭富有，著之手口，有以導達要妙精深之理想，狀寫奇異美麗之物態耳。……今試問欲為此者，將於文言求之乎？抑於白話求之乎？詩之善述情者，無若杜子美之〈北征〉；能狀物者，無若韓吏部之〈南山〉。設用白話，則高者不過《水滸》、《紅樓》；下者將同戲曲中簧皮之腳本。就令以此教育，易於普及，而斡棄周鼎，寶此康匏，正無如退化何耳。[25]

對於嚴復此一態度，若只予其保守意識或傳統文人意識等評價，顯然還不夠充分。筆者以為，嚴復的態度表達出了他其實不斷地在探討真正獨立的文體為何這一個深刻的命題。

25　同前注，第3冊，頁699。參見岡本宏：〈嚴復私論：翻譯論と文藝觀よりみて〉，《藝文研究》第22號（1966年），頁8-9。

7

仁而自由平等

徐復觀的儒家民主論

黃麗生
臺灣海洋大學海洋文化研究所教授兼人文社會科學院院長

※ 本文為科技部「仁而自由平等：徐復觀的儒家民主論及其時代迴響」（MOST 104-2410-H-019-022）之部份研究成果。

一、前言：儒家理想與歷史常道

面對近代西力衝擊的變局以及國共內戰後兩岸分治的現實，當代新儒家主張會通中西，融中國文化於世界，以世界性論題突顯儒家核心價值，並強調儒家價值與民主科學可以相容相成，以及人所以為人的價值根源及其對中國、對普世的意義。[1] 他們關切現代中國的民主前途，本諸儒家義理闡述民主自由的真諦而不遺餘力——既闡述儒家理想的普世價值，也將民主自由視為普世價值而論述，認為兩者可互相成就，並將之寄望於歷史常道的實踐之上。徐復觀先生嘗謂：「歷史之所以可貴，正因他是顯現變與常的不二關係，變以體常，常以御變，使人類能各在其歷史之具體的特殊條件下，不斷的向人類之所以成為人類的常道前進。」[2]徐先生闡述：按儒家政治理想，內聖外王、修己治人都是一體的，倫理與政治不分本來就是儒家思想的特色，德治、禮治、民本思想本來一貫，儒家的政治境界就是人生的最高境界，故「止於至善」是儒家人生的歸結，也是儒家政治的歸結。他指出，必須從具體歷史條件的限制後面，發現貫穿於歷史之流普遍而永恆的常道，看出此常道在歷史實踐中所受到的限制，並思有所創變求新，以歸結於歷史常道。[3] 這種對歷史常道的信念，使當代新儒家一面懷抱儒家義理而坦然接受民主自由的價值，一面反思客觀歷史和當下現實，以尋求突破的方案、確立前進的方向。

當代新儒家基於人具有天命之仁而天下為公、自由平等之核心價

1 黃麗生：〈海外離散體驗與當代新儒家的文化論題——以〈中國文化與世界宣言〉為中心〉，收入李瑞全、楊祖漢編：《中國文化與世界：中國文化宣言五十週年紀念論文集》（中壢：國立中央大學儒學研究中心，2009年），頁123-147。

2 徐復觀：〈儒家政治思想的構造及其轉進〉，《學術與政治之間》（臺北：臺灣學生書局，1980年），頁57-60。

3 同前注，頁48-53。

值，在政治上堅決主張民主自由，認為只有民主自由才能實踐儒家的政治理想，含具儒家價值的民主政治才能生根發展、發揮其最高的價值。相對於西方民主根植於個人權利和契約法制並兼顧個體自由和公共秩序的特質，當代新儒家則主張民主政治除了吸納西方體制，亦須以道德自覺、淑世利他和中庸均平的價值精神相互充實。此強調道德理想主義的儒家民主論述，早年曾受到自由主義者的批評與現實環境的限制；邇近西方學界反思民主共和的危機，針對當代民主社會充滿政治謊言、政黨惡鬥、極端主義、利益團體、立法冗長、民粹復燃、公民厭倦政治、政治陷入僵局等等問題提出改正方案。此反思趨勢恰正呼應儒家民主在西方經驗之外亦講求道德自覺的主張。

事實上，歐美社會在1970年代後，開始質疑「現代社會」的種種弊端並進入所謂「後現代」社會——人失去理想，價值失落，理性和知識的合法性正在喪失，「真理」和「公正」不再有絕對的標準。此思潮在1990年代亦逐漸在臺灣發酵，效應所及，非但教育體系中儒家經典的教育受到質難，庶民日常生活中的倫常價值，也早被上下交相利的工具性思維所淹沒，知識界對儒學的論述則趨於知識性而與道德體踐無關。另一方面，曾被當代新儒家視為普世價值的「民主自由」，不但受到西方學界的嚴肅反思，在臺灣也出現以民主體制為革命手段，達其在政治上和文化上「去中國化」的目標，不僅犧牲國民教育的內容與品質，也波及儒學在臺灣的傳承。

總之，在後現代臺灣的「民主社會」下，無論是就生活倫常價值或憲政民主理想來說，當代新儒家在1950年代就出臺的「儒家民主論」道理雖明，處境卻愈趨艱困，絕不亞於民初全盤西化狂潮和社會主義唯物思想的衝擊。但正因如此，更值得吾人以更長遠的時空格局深入探討，了解它是否、如何可能在歷史的常道發揮作用。本文以徐復觀的相關著述為中心，分從儒家理想與民主自由的關聯、對中國傳統與西方民主政治的反思、儒家思想轉進民主政治之關鍵等面向，探討其如何建構儒家民主的理論內涵，並兼論其對當代民主的意義。

二、當代新儒家民主論述的基調

當代新儒家早在1958年發表的〈中國文化與世界宣言〉中，就明言中國文化已含民主思想的種子，如：儒家肯定天下非一人之天下，人皆為可以為堯舜等思想，表現出天下為公、人格平等之義，而此即是民主思想的根源，或至少是民主思想的種子所在；此外，儒道兩家皆認為君主應無為而治、為政以德而不濫用權力；以民意代表天命，執政者須接受民意考驗；政制和價值觀也使君權受到道德限制，知識份子相當程度地代表民意並使政府和民間有溝通橋樑等。但〈宣言〉也承認中國傳統並無一為君主和人民共守的憲法，不知如何以法制成就君主之更迭，及實現人民之好惡；故主張中國必須建立民主制度有效限定政府的權力，並將儒家天下為公、人格平等的思想，發展為民主建國的事業。[4]

〈宣言〉並指出：民主制度的建立並不只是從中國歷史文化發展的必然趨向而言，即從人民道德主體的建立而言，亦必須由君主專制時代人民被動接受「聖德王化」的過去，轉為肯定人人政治主體平等的民主憲政體制，則萬民互相德化，人民才能真正樹立其道德主體；故民主憲政實為中國文化道德精神自身發展之所要求，中國歷史文化亦必求民主憲政成功始

4 張君勱等：〈中國文化與世界宣言〉，收入唐君毅：《說中華民族之花果飄零》（臺北：三民書局，2005年），頁156-158。

能成就其事業的發展。[5]相對於西方以「人權」立論的自由平等觀，我們可以說，儒家的自由平等論基礎，則是建立在於人具有天命所賦之「仁」以及天下為公的信念之上，故本文謂之為「仁而自由平等」；而這種具有儒家道德理想的民主思想與論述，則可以「儒家民主論」描述之。

〈宣言〉所陳，堪為當代新儒家民主論述的基調，四位先進後來皆各有發揮。如牟宗三先生即認為：面對社會各部門可能的衝突，應根據「對列原則」讓社會上的各部門，都有其客觀存在的餘地；這需要一個超然的架構來維持，此即民主政治，也就是以憲法為常數（constant）來維繫政治舞台的超然性，以容納執政的變數（variable），這就是政治的現代化。[6]唯在「對列原則」之下，民主政治的第一原則就是寬容，同樣不能獨尊政治而破壞道德宗教，抹殺教育學術的獨立性。[7]牟先生重視「對列原則」，除了強調其超然作用與客觀理性為「開放社會」之所需外，亦著眼於現代中國文化發展方向，應把理性的作用表現轉成理性的架構表現。他認為：兩千多年以來，中國以道德宗教之理性作用的表現為勝場，所樹立的是永恆的價值；但現代若只在這方面表現是不夠的，還是得開出民主、科學、事功等理性架構表現的對列格局，才是中國現代化的正當途徑。[8]

牟宗三先生並指出：就民族國家的獨立而言，中國以前不是國家單位

---

5 同前注，頁158-159。

6 牟宗三：〈僻執、理性與坦途〉，《時代與感受》，收入《全集》編輯委員會編：《牟宗三先生全集》（臺北：聯經出版公司，2002年），頁136-139。

7 牟宗三：〈「平反」與「平正」〉，《時代與感受》，收入《全集》編輯委員會編：《牟宗三先生全集》，頁87。原載《鵝湖月刊》第5卷第7期，1980年1月。

8 牟宗三：〈從儒家的當前使命說中國文化的現代意義〉，《時代與感受》，收入《全集》編輯委員會編：《牟宗三先生全集》，頁347-348。原載《中國文化月刊》第1期，1979年11月1日。

而是「天下」；如何使政治成為一真實之「客觀化的格局」，使國家成為一個真實有機之統一體的公民國家，乃是中國政治現代化的必要路向。就人權而言，是如何興發人民、鼓舞人民，使之成為一真實個體並自覺為「公民」，有權利參與國家組織來保障權利，也願意對國家盡其義務，成為義務的主體與權利的主體，才能成為一個現代的個人（individual）。不過，牟先生也特別強調：權利、義務、國民、公民的概念等都是政治層面的觀念，只能在政治層面運用，不能誤用到家庭關係，破壞道德倫常。[9]民族國家和人權都涉及政治現代化，也就是民主政治。為中國進步發展之不可或缺。[10]故儒家如果還要繼續發展，擔負它的使命，就必須本其內在目的要求科學，要求民主政治，甚至要求現代化，此即儒家當前所要開出「新外王」的使命。牟先生並進一步指出：中國以前所要求的事功，只有在民主政治的形態、社會形態下才能充分實現；因為民主政治乃是「新外王」的形式條件（formal condition），為理性主義所涵蘊；在民主政治下成就事功，不但是理性主義的正當表現，也是儒家內在要求所透顯的理想主義。[11]

歸納牟先生會通中西而不忘對時代弊病的批判和反思，約有以下重要論點：（一）認為現代西方文明之病在於「精神的量化」，對治的關鍵在於以健康的「道德的理想主義」喚醒人之價值意識、文化意識與歷史意

---

9 牟宗三：〈中國文化之問題〉，《時代與感受》，收入《全集》編輯委員會編：《牟宗三先生全集》，頁320-321。原載《望道便驚天地寬——中國文化講座錄》（香港：新亞研究所，1975年9月）；牟宗三：〈「五四」與現代化〉，《時代與感受續編》，收入《全集》編輯委員會編：《牟宗三先生全集》，頁260-263。原載《臺灣日報》，1979年5月29日至6月1日。

10 牟宗三：〈肯定自由、肯定民主〉，《時代與感受續編》，收入《全集》編輯委員會編：《牟宗三先生全集》，頁285。原載《聯合報》，1979年6月2日；牟宗三：〈「五四」與現代化〉，頁251-257。

11 牟宗三：〈從儒家的當前使命說中國文化的現代意義〉，頁337-339。

識，並激勵道德理想的實踐動力。（二）認為現代化的政治經濟，應區分「內容真理」與「外延真理」的範疇，在隨順現代化的浪潮中樹立人性常道的方向，延續民族文化與道統傳承，避免重蹈近代西方文明趨於物化的覆轍。（三）認為現代化是以「敞開的社會」（open society）為前提的理性擴充或理性實踐；開放社會以「對列原則」為構成原理，但不能離人性常道而講，儒家的忠恕之道對其有助成作用，唯其充分條件唯有憲政民主所能提供。[12]據此，牟先生所提出之道德的理想主義、開放社會的客觀理性、不離人性常道的憲政民主等兼重理性主義和理想主義的詮解，可謂進一步豐富了「儒家民主論」的內涵。

三、徐復觀的儒家民主論

相對於牟宗三先生偏重從哲理和概念上詮釋民主憲政對中國歷史文化發展和儒家理想實踐的不可或缺，徐復觀先生則更多在第一線批評時政，並與自由主義者公開辯論，反駁其對中國傳統文化的貶抑和污蔑。[13]故論者稱：在當代新儒家中，徐復觀除了在中國思想史研究著稱以外，其政論性文章更是傳頌一日，為時人所推重，構成其「衛道論政的志業」，亦即「以傳統主義衛道，以自由主義論政」。[14]

更有人形容徐復觀是「一位不畏權勢的當代儒者對民主自由的探

---

12 黃麗生：〈牟宗三的現代化論述與超越現代化關懷：以《時代與感受》為中心〉，收入吳震主編：《全球化視野下的中國儒學研究》（貴州：孔學堂書局，2015年）。

13 李淑珍：〈自由主義、新儒家與一九五〇年代臺灣自由民主運動：從徐復觀的視角出發〉，《思與言》第49卷第2期（2011年6月），頁53。

14 何信詮：《儒學與現代民主》（北京：中國社會科學出版社，2001年），頁113；韋政通：〈以傳統主義衛道，以自由主義論政——徐復觀先生的志業〉，收入中國論壇編委會編：《知識份子與臺灣發展》（臺北：聯經出版公司，1989年），頁439-469。

索」者，致力論述儒家思想的基本精神及其與民主政治和自由人權的關係，可說即是「儒家民主論」的實踐者。他提出發人深省的重要論點，包括：信賴人性，反對外在權威規劃人的精神生活；在政統之外另立教統，以培養社會是非標準；政府的首務應是養民而非教民，不以修己的標準治人；孔子的思想可通自由民主，但若不能客觀化於民主制度則無法保障；儒家不反對現代民主下的法治，但反對專制集權下的法治；儒家支持自由主義，但反對虛無主義。[15]徐復觀先生的政論文章等身，思想豐富，常藉由對現實情境的回應「衛道論政」，主要表現在批判國共政權以及與自由主義者的論辨之上，這使他的「儒家民主論」更具時代實感和中國脈絡。茲從下列面向探討其內涵：

（一）儒家理想與民主自由的關聯

1. **儒家義理可為民主自由的依據**：徐復觀先生重視藉由特定概念，對照儒家理想和西方自由民主之異同，以便在普世價值的層面上突顯兩者的融通和獨特之處。徐氏主張儒家精神和人文精神是民主自由的依據，乃是個人在文化上的觀點，也是在文化上一種疏導融通的說法，由此而可使兩方互相充實——就民主政治方面說，使它在人性上有本源的自覺；就儒家精神、人文精神來說，使它落實在政治上而切實有所成就；但不能因此而說儒家精神、人文精神即可概括民主政治；亦不可說沒有儒家精神、人文精神或理想主義等個人自覺即不配談民主政治；由於儒家精神、人文精神係對整個人生負責，故亦為民主自由的根源，而民主自由也正是儒家精神、人文精神在政治上的客觀化，必由此始能成其全體大用；中國儒家精

15 蕭欣義：〈編序〉，收入徐復觀著，蕭欣義編：《儒家政治思想與民主自由人權》（臺北：八十年代出版社，1979年），頁3-25。

神之未能轉出民主政治，從歷史文化的意義來說，是其發展在政治方面之未完成，故真正把握儒家精神的人應以實現民主為己任，這是儒家基本精神面上對政治所不容自己的要求。[16]

2. **中道的政治觀是民主政治的基石**：徐先生認為「中」的路線或說中道的政治觀，才是人類政治史上時隱時現而不曾斷滅的主流，也是人類生活要求均衡統一所產生的路線，而民主政治即是「中」的政治路線以及人類進步的指針和基石。他並引用柏拉圖和亞里斯多德的「中庸主義」的概念，例如：人類只有在中庸的狀態下才能服從理性、產生中間制度的政治組織、才有不被阻遏的德性生活、以及以平等的中產階級為社會基礎等等，據此認為「中庸主義」可以調節左右極端，轉向均衡統一，並實現以平等為基礎的自由，此自由即是民主政治的骨幹。此外，徐先生認為傳統中國文化是典型的農業文化，講求博大和平；反映在政治上，更是比西方更為確定深入的中的精神，並以中國文獻所載「中」路線實例之不勝枚舉加強論證，認為中國正統的政治思想，總不外乎「平」、「均」，而此二字皆由「中」的觀念而來，以此論證儒家義理與民主政治的融通。[17]

3. **人格與人權相依不離的民主觀**：唐君毅先生在《人文精神之重建》自序有言：「民主自由，是為生民立命」，徐復觀先生深以為然並有所衍伸論述：儒家的「為生民立命」說，除了就「生民具萬理而無不善之命」加以啟迪教化使伸長站立之外，亦應就「天賦人權之命」使其在生活上享有平等自由之命。他認為人格的完成必須同時顧及人權的樹立，人格與人權相依為命不可分離；從教化上立人格之命，從政治上立人權之命，方為立命之全，得性命之正，使前者有一真確的基礎，使後者有一真

---

16 徐復觀：〈學術與政治之間〉，《學術與政治之間》，頁171-176。

17 徐復觀：〈論政治的主流〉，《學術與政治之間》，頁3-12。

實的內容。如此，生民之命才算是真正站立起來。此種詮釋古無前者，亦比西方的人權主義更深入。他認為沒有自由民主，將使教化無所著落；即使孔孟再生於今日，亦必促成民主自由的教化。[18]推演其說，沒有教化也難有民主自由，牟宗三先生就曾特就此重點加以論述。[19]

（二）對中國傳統與西方民主政治的反思

徐先生歸納儒家轉進民主政治的關鍵，是對中國傳統和現代民主政治進行客觀反思和比對的產物。他一生追求自由民主，肯定西方民主體制對人類文明的巨大貢獻，但在融通儒家思想與自由民主的普世價值之餘，亦不忘反思其優劣良弊。茲舉數端為例：

1. 民主與法治密不可分：徐先生指出西方的民主政治以「我的自覺」為開端，此自覺是就政治而言，是指個人得以主張並爭取獨立自主的生存權利；「人生而自由平等」的自然法為此個人權利主張，也是民主政治第一階段的根據，「互相同意的契約論」則為第二階段的根據，在個人和統治者的權利畫定後，亦須對個人以外的社群之「公」盡其相對義務，權利與義務皆賴法治維持其範域，故民主乃與法治密不可分。[20]

2. 西方民主以法治融合個性與群性：民主政治是少數服從多數，乃是一種決定於量而非決定於質的凡庸政治，但它的另一面也有尊重多數、保障少數的可能性；因為在西方，民主主義即是一種生活方式，它可以包容不同的內容，於是個性和群性得以融合，肯定和否定得以統一，是「萬物

18　徐復觀：〈為生民立命〉，《學術與政治之間》，頁279-281。

19　牟宗三：〈文化建設的道路——現時代文化建設的意義〉，《時代與感受》，收入《全集》編輯委員會編：《牟宗三先生全集》，頁377-380、382-392。原載《聯合報》，1981年7月20日；牟宗三：〈肯定自由、肯定民主〉，頁286-287。

20　徐復觀：〈儒家政治思想的構造及其轉進〉，頁53。

並育而不相害」之落實，此種生活方式的內在精神，即是所謂「忠恕」之道。中國文化充滿了忠恕精神，唯始終只停留在道德面上，而不曾擴充此精神在政治社會上發生大的效用；反觀西方文化的基礎並不根源於忠恕精神，卻在歷史的政治對立鬥爭中，迫生出民主的生活方式，堪可稱為「強恕而行，為仁莫近」；人們當珍重此一生活方式，各自豐富創造內容，庶機締造調和統一的人類世界。[21]

3. **儒家德治思想的價值**：相對於西方民主政治在對立鬥爭中迫立而生，徐先生指出：儒家係以民本、禮治為內涵的德治主義為最高原則，治者與被治者之間是以德相與，而非以權力相迫的關係；「德」乃人所以為人的共同根據，使人人能各盡其德、各養生遂性，乃儒家政治的目的與極致。就徐先生所歸納德治主義的特色來看，對現代民主政治的實踐或有調合互補的作用，例如：（1）以民為本、以教化成德和人與人之間的合理關係為目的。（2）內發的功夫重於外在的建制，故重禮治而非重法治；對己主敬，以克制小我；對人主讓，以伸張大我。（3）強調本性職分的擴充重於權力的使用。（4）民貴思想重於國家觀念——這使政治不是為權力而存在，國家不是壓迫的工具；統治者無特權，統治者和被統治者之間不是嚴格的階級對立等。[22]

4. **中國傳統政治的侷限**：徐復觀先生反思中國傳統未能出現民主政治係因：（1）儒家的政治思想係居於統治者的立場為被統治者著想，故只重君道和臣道，未能將政治的理想客觀化。（2）德治思想之修己治人，皆是一身德量之推，離客觀具體的政治架構仍遠；人民的政治主體未立，即生民的人性未顯，乃使德治的推擴感應有所限度。（3）僅依賴統

21 徐復觀：〈我們信賴民主主義〉，《學術與政治之間》，頁27-30。

22 徐復觀：〈儒家政治思想的構造及其轉進〉，頁48-51。

治者的道德自覺，主導政治的發動者在朝廷而不在社會，乃使統治意識無限擴大，而社會缺乏可以呼應承當的力量，乃使君子之道消，小人之道長。（4）政治的發動力在朝廷而不在社會，智識份子欲學以致用，除效勞朝廷外別無致力之方；乃使在上位者的喜怒好惡，重於士人的學術道德，於是擔負道統以人極的儒家子孫亦不免流於寡廉鮮恥，放棄對社會的責任，社會亦因此失去推動力。[23]

5. **儒家轉進民主政治的關鍵**：徐氏認為要點有四：（1）人民個體政治的自覺或說政治主體的自覺；（2）以道德的責任感消政治的權力，而非以政治的權力來代替道德的賴任感，也就是統治者應依仁而無為，呈現非主體的狀態；（3）改將儒家思想站在被統治者一方，重建人民主體（或稱天下主體）；（4）先要有個體的獨立，再歸於超個體的共立；先而有基於權利觀念的限定，再歸於超權利的禮的陶冶。總之，要將儒家的政治思想，由以統治者為起點，變為被統治者為起點；則民主政治可因儒家精神的復活而得其更高的依據；而儒家思想亦可因民主政治的建立，而得以完成其真正客觀的構造。[24]故徐復觀主張儒家思想與民主自由可相互充實，靈活運用；他認為：統治者應修己無為，成就人民的好惡，保障其權利，此即「治人」之道；儒家應以道德立場限制統治者以修己之事作治人要求，並將此與現代民主人權觀念相結合。[25]另一方面，民主體制固可助於改善中國政治傳統，但民主政治的根源在於個人權利的爭奪，以個體之私成就共體之「公」，但此是在互相限制之勢下所逼成，並不牢固，得

---

23 同前注，頁55-56。

24 同前注，頁57-60。

25 徐復觀：〈儒家在修己與治人上的區別及其意義〉，《學術與政治之間》，頁236-241。

由道德的自覺才能使民主政治穩定生根，發揮其最高價值。[26]

站在當代新儒家的立場，反思當代西方文化論述的霸權及其限制，延續近百年來當代新儒家會通中西、貢獻人類文明的新傳統，非常重要。西方主導世界文明已數百年，至今餘威猶存；既便當代文化論述已高唱反對西方文化中心主義，在非西方民族仍未能察覺侷限、擺脫依賴的情形下，其作為文化霸權的地位仍難撼動，但並非不可挑戰。在當代新儒家的成就中，值得關注的是其於中西思想會通之際，不但力闡儒家傳統的現代價值，更以清明的高度檢視現代以後的西方文明之弊。例如，以現代西方文化的重要內涵「自由」而言，徐復觀亦有相關見解：

> 民主主義的發生成立，是基於人類理性的覺醒；民主主義的保障，是建立在人類有共同的理性，因而有平等的人格之上。信賴理性，尊重人格，便不能不信賴自由，尊重自由。自由是發展理性，培養人格的必須條件。……。個人人格的形成，乃基於通過自由而對理性的自覺。個人對理性有了自覺，即係對理性負了責任；所以民主自由下的自由，必然產生法治觀念。……。現時談自由主義的，尚多停滯在…功利性的自由；……此種型態的自由，必達到拆散現實而與以重建後，才能向理想主義的自由、向人格主義的自由前進。……歷史文化的擔承者，須……提撕其原有的基本精神，以再為人類創造新的結論。孔孟由仁性所建立的文化精神，可永垂不朽，但孔孟所實踐的人倫節目則必隨時代而有所變更。[27]

26　徐復觀：〈儒家政治思想的構造及其轉進〉，頁53-57。

27　徐復觀：〈中國政治問題的兩個層次〉，《學術與政治之間》，頁36-37。

類似這種以人類文明為視域闡述儒家價值、會通西方文化卻不為其霸權所限的高度，不失為反思當代西方文化論述的霸權及其限制的重要基礎，仍對今人有重要參考價值。

（三）與西方反思的參照及其當代意義

徐復觀先生對儒家與自由民主關係的看法，相當程度代表了當代新儒家對民主政治的立場；其本人亦以無畏權勢的政治文化評論，體踐了當代新儒家對自由民主的肯定與追求。其所代表之當代新儒家追求自由民主的成就，被認為是1950年代以降臺灣民主運動不可或缺的一環。[28]但徐先生作古已久，其含有儒家理想的民主論述，早為經歷民主化後的臺灣社會逐漸遺忘；當前所謂「臺灣民主化」產生的種種現象，如政黨惡鬥、立法延宕、民粹風行、理盲濫情等等，乃至以建立新國家為目的而在政治、歷史、文化、教育上「去中國化」的思想活動，也早非徐復觀等當代新儒家、甚至是殷海光等自由主義學者所能想像。臺灣民主的新問題已不在缺乏民主體制，而在「後現代化」的社會趨勢中，失去了共同的價值理想與社會共識，傳統儒家所提供以仁為體的修己治人信念，正在快速失去影響力，而此原本是當代新儒家民主論述最強調的一環。但具有道德理想主義和理性主義的「儒家民主論」真的已毫無價值了嗎？如果將它放在普世問題的格局上，參照西方學界對民主政治的反思，即可發現它對民主發展的價值與它所受到的冷落恰成鮮明的反比。

西方學界反思民主共和危機的先驅，美國政治學者漢娜鄂蘭（Hannah Arendt）在〈政治中的謊言〉一文中即提醒世人：民主社會其

28　李淑珍：〈自由主義、新儒家與一九五〇年代臺灣自由民主運動：從徐復觀的視角出發〉，頁10。

實充滿政治謊言，它們就像極權社會中的意識形態，提供了一套虛假的、符合邏輯的命題來合理化當權者的政策，結果受害的是一般民眾。因為謊言即是有系統、有條理的捏造與編織。結果人們反而寧可相信謊言，也不願面對例外不斷的真相。[29]英國知名的歷史學家尼爾・弗格森（Niall Ferguson）揭發西方先進國家經濟衰退和危機的根源，在於民主（代議政體）、自由市場、法治、公民社會等體制的衰退[30]，而這些體制其實就是民主體制的一環。此外，英國著名雜誌《經濟學人》（*The Economist*）亦針對民主社會充滿政治謊言、政黨惡鬥、極端主義、利益團體、立法冗長、民粹復燃、公民厭倦政治、政治陷入僵局等等問題加以批判並提出改正方案，如：清醒的品格、克服多數主義誘惑、強力的分權制衡、行使權力謹慎公開透明、重視地方微觀權力的合理使用（鄉鎮集會）等。[31]其改正方案已直接點出道德因素。

2014年3月29日華盛頓郵報刊登牛津大學退休教授Stein Ringen所撰鴻文 "Is American Democracy Headed to Extinction？" ，更直接點出西方民主體制的深沉危機：（1）雅典成功而自滿的衰亡啟示：民主須以長期決心與恆心呵護；但由於缺少領導和培育，英美民主正走向崩壞。（2）不止民主程序，也要功能效率：英國三十年來從有序滑向紊亂，無法用政治撼動龐大利益團體，留下更不平等的社會。（3）三權分立變質為互相牽制：美國政治比外表更虛弱，政府無法治理國家，形成「社會不平等」和「政府不作為」的糾葛。（4）憲政體系大權旁落：被政治行動委員會、智囊團、媒體、遊說團體等榨取、篡奪。（5）金錢政治貶值選票：候選

29 漢娜鄂蘭（Hannah Arendt）著，蔡佩君譯：《共和危機》（臺北：時報文化，1996年）。

30 尼爾・弗格森（Niall Ferguson）著，黃中憲譯：《西方文明的四個盒子》（臺北：聯經出版公司，2013年）。

31 "What's gone wrong with democracy —— and how to revive it," *The Economist*, March 1, 2014.

人要募款、金主追逐候選人，政治權力集少數富人手中。（6）民主制度失去學習能力：英美政府都無法將失控的金融服務業納入管制，使經濟的不平等現象漫延到政治領域；而民主政府毫無能力應對。[32]

Stein Ringens所批判的民主惡象，不少也是當前臺灣民主的寫照，他雖然沒有聚焦但已點出西方民主體制缺少道德因素的種種問題。美國政治哲學家邁可·桑德爾（Michael J. Sandel）於2005年出版的論著《為什麼我們需要公共哲學：政治中的道德問題》（*Public philosophy : essays on morality in politics*）即明白批判當前民主體制缺乏道德的問題，他認為美國政府往往以總體經濟為名，對貪得無厭的資本主義不受民主政治約束的事實視而不見，任憑市場運作之下潛伏的各種道德欠缺問題，不但摧毀公民組織、縮減公共領域，並導致公共責任的轉向與公民習慣的改變，進而使人們喪失彼此互為聯結的共同體認同。他指出：對治之道即在以「自我治理」恢復瀕臨垂危的社群意識：「自我治理，是一種選擇自我目的之能力，以及尊重他人也有選擇自我目的之權利，還需要對公共事務有一定的認知，並且對於這個與我們的命運休戚與共的社會整體感到歸屬感、關懷與道德使命。」[33]其所提到的自我治理和社群歸屬，對他人的關懷和道德使命，難道不是與儒家修己治人的精神相一貫嗎？

上述西方學界對民主危機反思的趨勢，恰與當代新儒家主張在西方經驗之外亦講求道德自覺、人權與人格並重的思想呼應。徐復觀在六十年前的評論與主張，本係針對中國民主的展望而言，但也有其不為所限的深意，堪可西方學界對當代共和危機與民主失靈的批判相參照。也就是

32 Stein Ringen, "Is American Democracy Headed to Extinction?" *The Washington Post*, March 29, 2014.

33 邁可·桑德爾（Michael J. Sandel）著，蔡惠伃、林詠心譯：《為什麼我們需要公共哲學：政治中的道德問題》（臺北：麥田出版社，2014年）。

說，當代新儒家所提倡的「儒家民主論」不應繼續被輕忽，而是有待進一步的深掘與發揚，以突顯「儒家民主論」對民主自由之普世價值的貢獻。

隨著後工業化時代的來臨以及難以阻擋的經濟、文化全球化的效應，社會變遷加速、加劇，近百年來備受西力衝擊的儒家傳統，處境危困，更甚以往。唯因後現代社會失序與文明解體危機乃是現代西方文明的產物，西方本身提出解決方案的文化動能已顯疲態；而儒家與時更化、強調人所以為人之道德主體與創建能動的價值觀，值得關心的學者思考如何使儒家核心價值再現？如何使其在後現代社會發揮對治作用並提出可以落實的方案與論述？牟宗三先生曾就此指出：

> 儒家肯定科學、民主、自由，但不贊成泛科學、泛民主或寡頭的自由主義，這就為由現代到後現代提供一可能。後現代的要求，存在主義早就感受到。馬列主義的極權，造成個體人之消失；泛科學的迷向的文明，則使個體人走進孤獨。後現代即要求正視這問題。人類對科技力量的失控，已危及各層面並深入到道德倫理，形成對人道的挑戰。這時候，儒家智慧傳統所維護的人性之常道，豈不正可以使我們對科技文明有所範域？可以說，當今這個時代，是儒家思想最應該說話亦最能說話的時代。[34]

以當代新儒家理性主義和理想主義的政治現代化觀來看，確有必要反思當代全球民主體制的困境，重新思考公共治理的新價值——「民主政治」雖被號稱是現代世界的「普世價值」，但吾人正面對民主體制愈形受

34　牟宗三：〈當代新儒家〉，《時代與感受續編》，收入《全集》編輯委員會編：《牟宗三先生全集》，頁437。

到資本霸權、民粹主義、社會疏離以及後現代反理性思潮的挑戰，而離公平正義、合理秩序的理想越來越遠。牟先生分析「政治現代化」的利弊得失時，堅守必須釐清問題性質與層次的經驗和理念，對吾人當前所面臨公共生活的處境，有重要啟發。徐復觀亦引述牟氏觀點說：中國歷史上有治權的民主，但沒有政權的民主，連帶治權的民主也得不到保障；沒有主體的自由，也常為之破壞；故主張中國須向主體的自由、政權的民主轉進。徐氏指出：中國儒家傳統文化早為中國政治的民主化建立了基礎，而中國的傳統政治，也為中國政治的民主化作了許多準備工作；其所以未能踏上民主之路，是因為中國文化缺少「分解的盡理精神」；亦即中國雖有了仁性的發展，卻缺乏智性的發展。[35]

此外，在談到儒家的影響時，徐復觀指出：孔子奠定了儒學的基礎，同時創發了中國的自由社會：(一)「為仁由己」，透過學與教確立了人的地位，使人可以各由其力量來變動人的價值分位；(二)「有德者必有其位」，人可以自由改變其階級地位，自由社會由此建立。徐氏認為：由孔子思想在政治方面的正常發展，必然走上民主政治的道路，並將超過歐洲民主政治所賴以憑藉的功利主義，以奠基於人的最高理念的「仁」之上，使現代民主政治更能得到純化，以解決僅從制度上所不能徹底解決的問題。[36]

四、結語

近代西方文明席捲全球，使儒家傳統和中國文化的磐石遭逢前所未有

35　徐復觀：〈中國政治問題的兩個層次〉，頁40-42。

36　徐復觀：〈中國自由社會的創發〉，《學術與政治之間》，頁289-294。

的衝擊。不只是民國初年的新文化運動主張全盤西化、反傳統、追求民主科學；即使是當代新儒家亦認為：必須在傳承道統之際，正面迎接現代化挑戰，力主建立民主自由體制，並視之為儒家與時更化、責無旁貸的使命。相對於西方民主根植於個人權利和契約法制並兼顧個體自由和公共秩序的特質，當代新儒家則主張民主政治除了吸納西方體制，亦須以道德自覺、淑世利他和中庸均平的價值精神相互充實；這是因為當代新儒家在政治上堅決主張民主自由，是基於人具有天命之仁而天下為公、自由平等之核心價值，認為只有民主自由才能實踐儒家的政治理想，含具儒家價值的民主政治才能生根發展、發揮其最高的價值。

比起自由主義者和社會主義者等主張全盤移植西方的民主政治，當代新儒家的「儒家民主論」則突顯其在地實踐、永續發展、歷史傳承的企圖——將儒家天下為公、人格平等的思想，發展為民主建國的事業；並將民主憲政視為中國文化道德精神自身發展之所要求，中國歷史文化亦必實踐民主憲政始能永續傳承。

此強調道德理想主義的儒家民主論述，早年曾受到自由主義者的批評與現實環境的限制；但當代西方學界已開始反思西方民主體制的種種問題，就此而言，當代新儒家所提倡的「儒家民主論」不應繼續被輕忽，而有待進一步的深掘與發揚，以與西方對民主共和的反思參照融會、調適而上遂，進而據之為當前臺灣民主發展的諸多弊端把脈施方。徐復觀先生作為當代新儒家第二代探索儒家與民主自由關係的重要代表，樹立了「以傳統主義衛道，以自由主義論政」的儒者形象，亦充實了「儒家民主論」的思想內涵，對儒家普世價值的闡發付出重要的貢獻，值得今人審思與繼承。

8

爲民與民主之間

以星湖學派之孟子解釋為中心

咸泳大
成均館大學大東文化研究院責任研究員

一、仁政——儒教知識人對民的態度

儒教的政治理想是實現德治和禮治，亦即仁政。要實現仁政，需要有具體的制度準備。但是，制度反映的是制定制度的集團的立場，如果說，制度反映的是政治經濟狀況的話，也可以說立案者代表了自身及所屬階級的各種利益。

在以君主為中心的階級垂直佈局的專制君主時代，社會階級由君、臣、民組成。君是絕對權力的所有者及執行者，臣上佐君、下治民，是廣義上的統治者，但也處在君權之下，同時具有臣民的雙重立場。但是與民相比，臣更接近權力，當其對專制君主的暴力發揮牽制作用之時，即可實現君臣共治的政治理想。臣自身雖然並非君主，但可以作為君主的政治助力，實現德治和禮治，這是孔孟所代表的儒家的政治立場。

特別是孟子提出了養民和教民，使仁政的德目得以具體化。其理論具體且極有深度，在先秦時代的理論中尚無與之相類似的理論。同時，孟子提出與民同樂，其內容包含了富民生、輕賦稅、免戰、正己等內容。孟子將養民視為政治的首要目標，進一步提出了民貴論，主張「民爲貴，社稷次之，君爲輕」（《孟子・盡心上》），並提出「得乎丘民而爲天下，得乎天子爲大夫，得乎諸侯爲大夫」（《孟子・盡心上》）。

根據蕭公權先生的研究，孟子的主張不僅將人民視為政治的最終目的，而且將人民視為政治的主體。孟子認為君主和百官同樣具有一定的職責，如果他們不能盡職，則應被罷黜。對於放伐革命，也明確肯定暴君可誅。孟子以百姓為貴，極為重視民意，認為民心的向背是政權交替和政治取捨的衡量標準。不過，蕭公權先生也指出，不能將孟子的民貴思想與近代的民權思想相混同。因為民權思想必須包含民享、民有、民治的觀念，人民既是政治的目的，又是國家的主體，且保有自發參與國家政治的權力。而孟子的貴民思想則只包含了民享和民有的概念，並未涉及民治的原則和制度問題。[1]

但是，民權所指向的民治理想是使一般市民成為政治主體的極為近代的產物。考慮到時代背景，孟子的政治思想是具有充分的革新性的。與反映當時政治思想的《管子・立政》中「令則行，禁則止，憲之所及，俗之所被，合如百體之從心，政之所期也」的論述相比較，不難看出二者之間的明顯差異。

不過，孟子的政治主張也會隨著臣對君和民的立場而發生變動。本文擬探討朝鮮時代星湖學派對臣的立場，及對臣牽制君權的正當性所作出的思考，並將其與同時代的東亞學者相比較，從而定位其特殊意義。作為追溯前近代東亞學者有關為民和民主思想之發展脈絡的一個環節，本文的討論也將為近代孫中山所提出的民權理念的研究提供更加豐富的依據。

本文將要探討的星湖學派是朝鮮後期近畿區域居住的以星湖李瀷為宗的學者群，主要成員有順菴安鼎福和茶山丁若鏞等。星湖學人擺脫了朝鮮儒者對四端七情或人物性同異等有關心性修養問題的爭論，將注意力轉移到實在的學問，通過提出現實具體的政治經濟方略來對應朝鮮後期的政治社會問題。在朝鮮學術史上，星湖學者被評價為以經學為本，構築經世學以實現窮經致用目標的學術團體。[2]

在朝鮮時代，具有經世意識的臣僚若想實踐自己的經世論，首先需要依靠掌有核心權力的君主。而屬於南人的星湖學派與掌權的老論相比，始終處在權力的邊緣位置，因此，要討論前近代政治中的為民和民主立

1　蕭公權：《中國政治思想史》（臺北： 聯經出版公司，1982年），頁95-97; 譯本參見崔明外：《中國政治思想史》（首爾：首爾大學校出版部，1998年）。

2　李佑成：〈實學研究序說〉，《韓國의 歷史像》（首爾：創作과批評社，1982年），頁20-21。

場，星湖學派的政治主張是極為合適的探討對象。尤其產生於戰國時代特殊環境的《孟子》，在有關君臣關係的論述中強調了臣的作用，呈現出明顯的進步性。[3]因此在專制王朝時代，對《孟子》有關君臣關係的論述進行解釋便成為格外敏感的問題。[4]在一方面須要得到王權，另一方面又須要牽制王權的矛盾處境下，星湖學派對這一主題的解釋格外具有緊張感。

作為探討星湖學派《孟子》解釋的具體事例，分析星湖學派對《孟子》君臣論的解釋及其所具有的意義，可以發現星湖學派的經世論中所體現的從為民到民主的政治性向。探明星湖學派有關「為民」的基本心態，及其對民的主體力量的期待和認識等有關民主的理念具有十分重要的價值。而通過與相同時代脈絡中的類似或相異的觀點進行比較，可以進一步看清星湖學者為民論所具有的特殊意義。因此，本文將以人物為別，舉具體實例來比較具有對比意義的東亞主要學者的觀點，以此來更加客觀地評價星湖學派的主張。

二、星湖學派的爲民與民主

《孟子・離婁下》第三章中論證了君主對待臣下的態度決定了臣下對待君主的態度。若君主不對臣下以手足相待，而將其賤視為犬馬或土芥，則很難期待臣下真心的服從和忠誠。因此，君主應充分地禮遇臣

3　孟子的君臣關係論與性善論、義理論、王覇論、井田論一起構成了其王道政治理論。參見尹大植：〈孟子의 王道主義에 內在한 政治的義務의 基劑〉，《韓國政治學會報》39集3號（2005年）；柳美林：〈支配의 正當性의 觀點에서 본 孟子의 政治思想〉，《韓國政治學會報》38集1號（2004年）。

4　關於專制君主時代圍繞註釋《孟子》的君臣關係論而出現的前近代學者的矛盾問題，參見黃俊傑：《孟學思想史論》，卷2（臺北：中央研究院中國文哲研究所，1997年），頁66-91。

下。[5]同時，孟子也用比喻生動地說明對具有專家識見的臣下，君主應信任其才能，而不能肆意干涉，妨礙其行事。[6]

另外，孟子對君臣關係中臣或臣民所應具有的權利及積極的政治行為也持有激進的觀念。〈萬章下〉第九章中，孟子高度評價了維繫國家的世臣的作用，要求君主不能慢待世臣。他將世臣分為貴戚之卿和異姓之卿，並警告君主若不納諫，則異姓之卿可以離開國家，而貴戚之卿則可以取而代之。[7]此即孟子著名的「易位論」。事實上，這種主張並非出於為民的觀點，而是體現了孟子君臣共治思想的一面。

此外，孟子提出天命可變性來肯定易姓革命，將失德的桀紂視為「一夫」，指出商湯和周武王的易姓革命只是征伐了「一夫」，並非弑君，此即孟子的「放伐論」。[8]孟子如此主張的依據在於他認為「桀紂之

---

5 《孟子・離婁下》，第3章，收入成均館大學校大東文化研究院編：《經書》，內閣版（首爾：成均館大學校大東文化研究院，1992年）。「孟子告齊宣王曰，君之視臣如手足，則臣視君如腹心，君之視臣如犬馬，則臣視君如國人，君之視臣如土芥，則臣視君如寇讐。王曰，禮爲舊君有服何如，斯可爲服矣？曰諫行言聽，膏澤下於民，有故而去，則君使人導之出疆。又先於其所往，去三年不反然後，收其田里，此之謂三有禮焉，如此則爲之服矣。今也爲臣，諫則不行，言則不聽，膏澤不下於民，有故而去，則君搏執之，又極之於其所往，去之日，遂收其田里，此之謂寇讐，寇讐何服之有。」

6 《孟子・梁惠王下》，第9章，「孟子見齊宣王曰，爲巨室則，必使工師求大木，工師得大木，則王喜以爲能勝其任也。匠人斲而小之，則王怒以爲不勝其任矣。夫人幼而學之，壯而欲行之，王曰，姑舍女所學而從我則何如。今有璞玉於此，雖萬鎰，必使玉人彫琢之，至於治國家則曰，姑舍女所學而從我，則何以異於教玉人彫琢玉哉？」

7 《孟子・萬章下》，第9章，「齊宣王，問卿，孟子曰，王，何卿之問也？王曰，卿不同乎？曰，不同。有貴戚之卿，有異姓之卿。王曰，請問貴戚之卿。曰君有大過則諫，反覆之而不聽則易位。王勃然變乎色。曰王勿異也。王問臣，臣不敢不以正對。王色定然後，請問異姓之卿。曰君有過則諫，反覆之而不聽則去。」

8 《孟子・梁惠王下》，第8章，「齊宣王問曰，湯放桀，武王伐紂，有諸？孟子對曰，於傳有之，曰，臣弑其君可乎？曰賊仁者謂之賊，賊義者謂之殘，殘賊之人謂之一夫，聞誅一夫紂矣，未聞弑君也。」

失天下」是因為「失其民」，而「失其民」則是因為「失其心」。[9]此即前文所提到的孟子政論中「民貴君輕論」[10]的思想基礎。[11]孟子站在包含民的臣民的立場上，提出對君臣關係的劃時代論述，受到了後代朱子學者多角度的討論。星湖學派的學者亦以敏銳的視線探討了這一問題。

（一）星湖李瀷

星湖李瀷（1681-1763）的孟子解釋可在其《孟子疾書》中窺其大概。此書是李瀷的疾書類著作中最初執筆的作品，也最具有批判性。[12]李瀷在有關君臣關係的論述中，首先舉史實來考察兩種勢力的立場差異。在對〈離婁下〉第三章的解釋中，李瀷引用了禮部尚書錢宰有關明太祖因忌諱《孟子》的相關內容，欲罷黜孟子配享的逸話，及宋高宗和尹焞圍繞《孟子》放伐一章而展開的對話。兩件事例中，明太祖和宋高宗都在強調君主的權威，而錢宰和尹焞則著力於勸誡君主對待臣下的態度。在引用秦穆公和子思有關舊君反服的對話中，李瀷也對比了君主擔心臣下不尊重自己的立場和臣下勸諫君主不禮待自己的立場。[13]

9　《孟子・離婁上》，第9章，「孟子曰，桀紂之失天下也，失其民也。失其民者，失其心也。得天下有道，得其民，斯得天下矣。得其民有道，得其心斯得民矣。」

10　《孟子・盡心下》，第14章，「孟子曰，民爲貴，社稷次之，君爲輕。是故得乎丘民，而爲天子，得乎天子，爲諸侯，得乎諸侯，爲大夫。諸侯危社稷，則變置。犧牲既成，粢盛既潔，祭祀以時，然而旱乾水溢則，變置社稷。」

11　參見尹大植：〈孟子의 王道主義에 內在한 政治的義務의 基劑〉，頁25；楊幼炯：《中國政治思想史》（臺北：臺灣商務印書館，1980年）。

12　參見金正敏：《星湖李瀷의 四書疾書研究》，韓國學中央研究院博士論文，2007年。此文闡明了與其他疾書類作品相比，《孟子疾書》相對更尊重經典原文，解釋也更具有突破性。

13　《孟子・離婁下》，第3章，見李瀷：《孟子疾書》，收入成均館大學校大東文化研究院編：《韓國經學資料集成》，39卷，孟子5（首爾：成均館大學校出版部，1991年）。「昔魯穆公問於子思，曰爲舊君反服古與？子思曰古之君子，進人以禮，退人以禮，故有舊君反服之禮也。今之君子，進人若將加諸膝，退人若將墜諸淵，毋爲戎首不亦善乎？又何反服之禮之有？孟子之李瀷指出，隨著近世君主的勢力盛極，臣下的道義日益低下，臣下若不阿附於君主，君主便會怪罪臣下不敬君王。因此出現了臣下不敢指責君主的錯誤，李瀷對這種君臣依靠互相欺騙而維持關係的現象作出了辛辣的批判。[14]在解釋舊君反服時，李瀷明確指出君臣間的關係屬於「義合」。因此，若義理不存，則沒有反服的必要。[15]李瀷關注的並非是君臣間的權力關係所佔據的比重，而是其所擔當的作用最終對惠澤百姓所造成的影響。李瀷認為君臣存在的理由是為了治理百姓，君臣應該議論的最核心問題即是膏澤下民。如果不關下民膏澤，即使君主對臣下的忠諫言聽計從，也不過是君臣間結黨而已。

> 君之用臣，非欲備使令也，將使之治民也，臣之事君，非欲貪祿位也。將輔之治民也。不言膏澤，則所謂諫行言聽何事？其或君臣氣味相得，諫行言聽，而所事不過一切功利之私，則名雖君臣，而黨而已矣。是以「膏澤下民」，卽君臣之實也。諫行言聽之律令也。[16]

在解釋關放伐章時，李瀷指出，桀紂獲得殘賊罪名， 被斥為一夫的原因是他們破壞了親親和尊賢的原則。具體來說，桀紂未能親親而滅絕天

言，其有所受之也，盖爲人君者，惟恐其下之不尊己。故每以舊君亦服之意詰之，魯穆齊宣是也。君子輔導，惟恐其君妄尊驕，下或至喪 。故輒以不可無禮之義明之，子思孟子是也。」

14 同前注，「至于後世，君勢日益嵩高，臣道惟循低陷，如土芥寇讐之喻，驟聞可駭。故爲君者，必欲斥孟子而箝抑其臣，宋高宗明太祖是也。爲臣者，必欲護孟子而警惕其君，尹和靖錢宰是也。……後之人辟，視其臣，莫不犬馬土芥而其下，或不諛辭極尊則，輒以慢君不道之罪繩之，爲臣者，亦維媚悅是務推上之威則，曰嬉笑而刀鋸矣。……上下相欺自以爲得計。」

15 同前注，「君臣本義合，義斷則不服。故仕爲而老，若有廢病致仕者，及以道去君而未絶者，服三月與民同也。若非道去君則，無與民同之義，復何爲而服之？」

16 《孟子・離婁下》，第3章，見李瀷：《孟子疾書》。

理，未能尊賢而傷毀倫敘，[17]拋棄了本該親近的宗親和本該尊重的賢臣，因此只能淪為「一夫」。

> 蓋賊仁者，必先從賊義始故也，多助之，至天下順之，義浮於衆，寡助之，至親戚畔之則，仁汩於己也。親戚亦畔則，況天下乎？故曰一夫，一夫則無親戚臣庶，旣不能君主於天下，而武王實承天命行天討，故曰聞誅一夫紂矣，未聞弒君也。[18]

李瀷論證了親親是尊賢的根本，若君主不能親親，使賢者退讓，宗親也會隨之背離，則君主便失去了作用，只能淪為一夫。同時，李瀷認為孟子此論並不突兀，指出在前一章節中已經出現了對本章的預示。李瀷緩和了孟子多少有些過激發言的危險性，而對孟子的主張本身則持認同的態度。

> 然孟子此言，亦有爲而發也。上章旣論刑殺之不中，而臣庶之離叛，此又甚言一夫無助之患，以警覺之。故其言似涉過重，誠以不如此，不足以動人也。[19]

此處李瀷並未將桀紂淪為一夫的原因歸結為刑罰不能正常施行的政治制度問題，而非道德性的問題，且並沒有討論「放伐」本身的意義，而集

---

17 《孟子・梁惠王下》，第8章，見李瀷：《孟子疾書》。「賊仁賊義則同，而有殘賊之異名何也？君子親親仁民，仁民而愛物，親親則仁也，推近及遠各有等殺則義也，合而言之莫非仁也。分而言之有二者之別。故曰仁孰爲大。親親爲大，義孰爲大，尊賢爲大，親親固是尊賢之本也。仁之賊，是滅絕天理，賊莫大於此。故曰賊義之賊，是傷毀倫敍，害次於賊。故曰殘，朱子曰義次事上說，比如一株木害其枝者也。賊，害其根本者賊也，然賊一枝猶未可謂賊其木，其本也殘而已矣。惟其根本者，方始爲賊也，上文先賊仁而後賊義者，由重而及輕也。下文先殘而後賊者，擧始而究終也。」

18 《孟子・梁惠王下》，第8章，見李瀷：《孟子疾書》。

19 同前注。

中論述了輔佐君主的臣下的離叛。換句話說，對於孟子本來所主張的失去下民支持的王將不王的革命性「放伐論」政治思想，李瀷從更強調君臣間合理關係的形成及問題解決的層面進行了解釋。

與朱子解釋本章時所謂的「賊，害也。殘，傷也。害仁者，凶暴淫虐，滅絕天理，故謂之賊。害義者，顛倒錯亂，傷敗彝倫，故謂之殘」[20]中，從君主道德倫理問題的角度解釋放伐相比，李瀷的解釋將重點轉移到了政治性、制度性的方向。此外，與朱子註解中引用王勉的解釋，對實踐放伐持保留意見相比，李瀷更進一步對君王淪為「一夫」的情況進行了詳細的說明。朱子所引用的王勉的解釋如下：

> 王勉曰：「斯言也，惟在下者有湯武之仁，而在上者有桀紂之暴則可。不然，是未免於篡弒之罪也。」[21]

由上可知，朱子尚停留在「蓋四海歸之，則爲天子，天下叛之，則爲獨夫」的原則論的階段。而前代的趙岐將放伐具體解釋為從王公的位置上降為匹夫，保留了放伐的意思， 從經傳詮釋史的立場來看，朱子的解釋在意願上反而有所退步。趙岐的解釋如下：

> 言殘賊仁義之道者，雖位在王公，將必降爲匹夫，故謂之一夫也，但聞武王誅一夫耳。不聞弒其君也。書云，「獨夫紂」，此之謂也。[22]

但是，李瀷的主張即使超越了朱子的注釋，與趙岐的見解相比更為具

20 《孟子・梁惠王下》，第8章，見〔南宋〕朱熹：《孟子集註》，《四書章句集注》（北京：中華書局，1983年）。

21 同前注。

22 《孟子・梁惠王下》，第8章，見〔清〕焦循：《孟子正義》，卷5（北京：中華書局，1987年）。

體，也依然明確體現了對傳統王權和既存君臣關係秩序的承認和擁護。這可以通過將其與日本的伊藤仁齋（1627-1705）對本章的論述進行對比而得到證明。仁齋主張「蓋明湯武之舉，仁之至，義之盡，而非弑也」，認為後世出現異論是因為未能通曉孟子的本義。與李瀷從桀紂由君主淪落為一夫的過程中吸取教訓，並由此歸結出君主應親親尊賢的結論相比，仁齋從正面對湯武的放伐展開了論述。他以民心的立場為出發點，認為桀紂的惡行使天下皆愿討伐之，湯武的義舉乃出自人心之公道。

> 故湯武之放伐，天下放伐之也，非湯武放伐之也。天下之公共，而人心之所同然，於是可見矣。孟子之言，豈非萬世不易之定論乎？宋儒以湯武放伐爲權，亦非也。天下之同然之謂道，一時之從宜之謂權，湯武放伐，卽道也，不可謂之權也。[23]

相對於根本性的改革，李瀷著眼於君臣關係和制度的改善，這種思維與其在〈民爲貴〉章中強調臣下應履行自身職責的論調一脈相承。可見李瀷將此章理解為對臣僚所應具備的正確姿態的告誡。

> 治天下以人，得人以薦，薦以才能，此愚智所通知也。何謂才能？保民禦患而已，事上不與焉也。君子保民而得罪於上則有矣，未有因事上而得罪於民也。故曰民爲上，社稷次之，君次之也。[24]

此處將《孟子》原文中的「民為貴」改成了「民為上」，但二者的意

---

23 《孟子・梁惠王下》，第8章，見伊藤仁齋：《孟子古義》，收入關儀一郎編：《日本名家四書註釋全書》（東京：鳳出版，1973年）。

24 李瀷：〈舉主連坐〉，《星湖僿說》，卷10，收入李佑成編：《星湖全書》（首爾：驪江出版社，1987年）。

思是相通的。將保民視為臣下的首要任務，這是李瀷所定位的臣下存在理由的核心內容。[25]李瀷並未將革命性的政治權力的轉換視為政治問題的癥結，而企圖通過君臣關係的構築及合理的職責分擔來解決政治問題。這種主張是其將民推崇為運營「天下」這一公器之重心思想的產物。

其與仁齋認為「君貴民輕，天之所敍」，將現實的勢力分配視為理所當然的見解相比較，在對民的意識層面上，李瀷具有相當的進步性。仁齋否定了朱子從理上承認民貴的觀點，認為不管從現實上，還是從理上來看，都是君貴民輕。

> 民爲重，君爲輕，知王者之心，而後可爲此論。朱氏曰，以理言之則民貴，以分言之則君貴。蓋不然也。君貴民輕，天之所敍，雖以理言之，然民未必重於君。惟王者之心，以民爲天，而不以崇高爲樂，凡其所行，一無非爲民，故知王者之心，而後可爲此論也。[26]

仁齋強調君主應具有王者之心，最終達到「凡其所行，一無非爲民」。這種為民意識與李瀷的思想呈現出相當的親緣性。但是，仁齋依舊以宿命論的現實論來定位民的價值和比重，與其相比，李瀷所持的積極的觀點無疑具有更重要的意義。在這一點上，李瀷思想也具有了更大的解讀空間。

更進一步，李瀷在認知自己士身分的同時，也對其身分得來的偶然性保有清醒的覺悟。

---

25 參見李瀷：〈求賢治民〉，《星湖僿說》，卷16、〈得民得人〉，《星湖僿說》，卷19、〈宦侍〉，《星湖僿說》，卷17，收入李佑成編：《星湖全書》。

26 《孟子・盡心下》，第14章，見伊藤仁齋：《孟子古義》，收入關儀一郎編：《日本名家四書註釋全書》。

余是無官之士，有薄田孱僮，未嘗有耕牧樵汲之勞。居有使令，行有騎乘，彼衆庶氓，不得與比也。嘿以念起，果誰之力？祖先垂蔭，有餘澤在也。[27]

值得注意的是，這種覺悟是李瀷通過將自己的人生與庶民進行具體比較而獲得的。亦即李瀷將其享有的特權歸功於先祖的餘蔭這一偶然性的條件，而未將其視為理所當然或出於自身的稟賦，由此可見李瀷對未能像自己一樣獲得士身份的庶民的尊重及對其間連帶性的認識。可以說，李瀷並未從本質上將士農劃入不同的階級而加以區別，而只是認為二者間存在職責的差異。與此同時，李瀷也指出士農雖有勞心與勞力的不同，但士本出於農，且士不得志時又可歸於農，從而強調了士與農的天然聯繫。 而李瀷自身也通過實際的體驗和觀察，獲得了一些農業知識。[28]

天生四民，士與農同歸。農以鐵耕，士以筆耕，疑若不相周，然士或不得於時，貧且賤，不農將無以爲生，故必於此依止。[29]

蓋士出於農，固非工商之比，而其不得於時者歸焉。用資乎仰事俯育，其知識又足以導誨後生也。[30]

另外，李瀷曾在其文中感歎富貴者不知百姓疾苦，呼籲盡可能地接近和體驗百姓生活，以感同身受地理解其處境。雖然李瀷依舊未能擺脫「民本主義的發祥」將百姓視為政治客體的思維，但也應肯定其感性的認

---

27 李瀷：〈人事門・知國知天〉，《星湖僿說》，卷12，收入李佑成編：《星湖全書》。

28 李瀷：〈稻譜序〉，收入李佑成編：《星湖全書》，卷49。

29 李瀷：〈二耕窩記〉，收入李佑成編：《星湖全書》，卷53。

30 李瀷：〈鄉居要覽序〉，收入李佑成編：《星湖全書》，卷49。

識、特有的具體性、現實性及真誠的態度。[31]李瀷寫給自己的乳母及奴婢的墓誌文中也飽含了他源自人性的，對庶民深沉的憐憫及感情，這種階級距離的縮小為他制定出更有人情味的為民政策而發揮了積極的作用。

（二）順菴安鼎福

對於程子和朱子提出的孟子勸諫諸侯王政是因為當時周皇室的地位已經下降的主張，順菴安鼎福（1712-1791）提出了異議，並闡述了自己的見解。[32]

> 君譬之天理也，臣譬之人欲也，人欲雖肆，一分之天理未泯，則當因其未泯者而接續之。諸侯雖橫，一日之天子猶存，則當因其猶存者而匡扶之。奈何因天下陷溺之見，逐波而同之乎？又古人以君喻父，以臣喻子，父雖愚騃，子不可以遽逐而代其家也。[33]

此處安鼎福對君主和臣下進行了嚴格的區分，甚至將君臣極端地比擬為天理與人欲，認為即使天理只有一分未泯，也應使其延續，其對君主極致的忠誠和尊崇由此可見一斑。安鼎福又將君臣比擬為父子，這顯然有別於李瀷將君臣關係設定為義合的主張。這種思想不僅貫穿於安鼎福所編纂的史書《東史綱目》，也體現在他對「放伐」爭論的論述中。安鼎福在其〈橡軒隨筆〉的「湯武稱王」條目下對「放伐論」進行了討論。其中批判了後儒對《書經》的《湯誓》和《泰誓》中將湯武稱為「王」的記載所提

---

31 參見金大中：〈「작은 存在」에 對한 星湖 李瀷의 感性的認識〉，《大東文化研究》65（2009年）。

32 關於朝鮮學者對「孟子不尊周說」的論辯，參見咸泳大：〈孟子解釋의 拮抗的側面에 대한 一考〉，《東洋漢文學研究》29（2009年）。

33 安鼎福：〈經書疑義・孟子〉，《順菴先生文集》，卷11 雜著，收入民族文化推進會編纂：《韓國文集叢刊》第229-230輯（首爾：民族文化推進會，1999年）。

出的質疑。關於湯武稱王與否與桀紂存亡無關的言論，安鼎福引用金履詳（1232-1303）之論，指出文王得天命而稱王之說失之僭亂，桀紂未亡則不能稱王之說失之拘執，因此兩說都不能成為正說。安鼎福引用的金履詳之論云：

> 夫湯武興師之時，卽受命之日，張子所謂此事間不容髮，一日之間，天命未絶則爲君臣，天命旣絶則爲獨夫者，其在此時乎！夫天命已屬，王師旣興，則桀紂卽獨夫矣，豈待南巢牧野而天命始絶哉。湯武旣興師而猶稱諸侯，則是以諸侯而伐天子，名實俱不可也。然則稱王誓衆，理固然矣，而必謂史臣追書，不幾於嫌聖人而文之哉？[34]

金履祥將天命授受視為區分僭稱與否的核心基準，認為天命下授的當時即決定了湯武是君主還是獨夫。其議論中並未說明天命下授的具體所指，因此無法確認其天命觀點的著眼點。但金履祥此論從根本上否定諸侯伐天子的立場則是顯而易見的。

在放伐問題中安鼎福主要關心的是諸侯稱王是否屬於「僭稱」，這脫離了歷來有關放伐的討論中，主要涉及的民心離叛所發起的革命、君主的道德確立、政治制度的設定等話題，與安鼎福嚴格上下之分、固守節義，將君臣關係比擬為天理與人欲或父子關係的君臣觀一脈相通。

為了更明顯地了解安鼎福主張的理念傾向性，下文將引用黃宗羲（1610-1695）有關放伐論的論述進行對比。黃宗羲否定了春秋義理論，

---

34 安鼎福：〈橡軒隨筆・湯武稱王〉，《順菴先生文集》，卷12，收入民族文化推進會編纂：《韓國文集叢刊》。「先儒多以湯誓泰誓之稱王爲追稱者，其說似未然，金仁山之言曰，蘇氏曰商周之王不王，不係於桀紂之存亡，愚謂文王受命稱王之說失之僭，桀紂未 ，未王之說失之拘，則氏之說不拘矣。然通而無制也……仁山此語，似得當日事情。」

立足於當時具體現實勢力而對這一問題展開了探討。在其《孟子師說》中解釋相關內容時，黃宗羲引用了陸象山兄弟的對話，對話的核心是，歷來有關孟子放伐論的爭論皆糾結於覬覦天子之位的問題，若要使孟子擺脫後世儒者對其教唆諸侯篡位的嫌疑，則需要闡明孟子主張的根本著眼點在於「民為貴」的思想。黃宗羲對這種從民為貴的觀點出發尋求放伐正當性的主張極為認同，[35]對此評論道：

> 孟子之時，周室僅一附庸耳。列國已各自王，齊秦且稱帝矣，周室如何可興？以春秋之論加於戰國，此之謂不知務。[36]

黃宗羲否定將春秋義理論強行套用於戰國時代的政治現實，提出時務認識，使之前圍繞義理論的爭論轉移為對現實的討論，這種主張考慮了當時的歷史政治局勢，具有很強的現實性。與此相比，安鼎福所代表的為實現尊周大義而構築節義，具有強烈義理論傾向性的主張，投射了持論者強烈希望實現的理念志向。這種理念志向的著眼點在於正統秩序的構築和維持，而非為民和民主。從為民的立場上來看，這種理念志向雖然尚能達到惠民的層次，卻尚未達到構築為民制度的程度。因此安鼎福對饑民問題的理解也體現出一定的局限性。

> 耿壽昌常平倉，良法也。元時以京師米貴，歲發米數十萬石，減價糶之，自世祖以後，歲一舉行，民多賴以全活。今辛未

---

35 〔清〕黃宗羲：〈放桀伐紂章〉，《孟子師說》，卷1，收入沈善洪主編：《黃宗羲全集》（浙江：浙江古籍出版社，2002年）。「松問梭山云：『孟子說諸侯以王道，是行王道以尊周室，行王道以得天位？』梭山云得天位，松曰：『如何解後世孟子教諸侯篡奪之罪？』梭山曰：『民爲貴，社稷次之，君爲輕。』象山再三歎曰：『家兄平日無此議論』，久曰：『曠古來無此議』松曰：『伯夷不見此理？』象山曰：『伏羲以來，皆見此理。』」

36 同前注。

(1751)春，都城米價踊甚，百文至一斗七升。太倉及諸軍倉所積，紅腐相因，若出萬餘石，減價糶之，至秋貿穀以充之，則民國兩便，而宰相不知出此計，徒使累萬都民，幾不免翳桑之鬼，可勝歎哉！余爲義盈奉事，掌供上，每日聞鷄詣闕，路上乞兒屯聚呼寒，殆不忍聞。及日出見之，間有僵屍橫路，使人見之，寧不惻然？若令五部每契築土室一所，多置禾藁之屬，使之晝則行乞，夜有所歸，必無凍死之弊而不過爲指顧可行之事矣。主柄者曾莫之恤，而或謂此屬雖死不惜，抑獨何心。[37]

上文中安鼎福雖然針對當時的饑民問題構想了經世政策，提出了解決方案，但卻未能進一步將其轉化為具體的政策，安鼎福為民意識中自任和責任感的大小由此可見一斑。

（三）茶山丁若鏞

對於〈離婁下〉第三章中的爭論焦點，即是否要為舊君反服的問題，茶山丁若鏞（1762-1836）首先通過引證《儀禮・喪服》的傳和《禮記・檀弓》的內容，探討了該問題的出處。[38]他通過引用《禮記・雜記》的內容來表達自己的觀點，即「違諸侯之大夫，不反服，違大夫之諸

---

37 安鼎福：〈橡軒隨筆・生薑樹頭生〉，《順菴先生文集》，卷12，收入民族文化推進會編纂：《韓國文集叢刊》。

38 丁若鏞：《孟子・離婁下》，第3章，《孟子要義》，收入宋載邵主編：《定本與猶堂全書》，第7冊（首爾：茶山學術文化財團，2012年）：「〔引證〕儀禮喪服傳，曰大夫爲舊君，何以服齊衰三月也。大夫去君，歸其宗廟。故服齊衰三月，言與民同也。何大夫之謂乎？言其以道去君，而猶未絕也。（注云，三諫不從，待放於郊，未絕者，言爵祿尚有列於朝，出入有詔於國，凡畿內之民，服齊衰三月。）〔引證〕檀弓曰，穆公問於子思曰，爲舊君反服，古與？子思曰，古之君子，進人以禮，退人以禮。故有舊君反服之禮也，今之君子，進人若將加諸膝，退人若將墜隊諸淵，毋毋爲戎首不亦善乎？又何反服之禮之有。」

侯，不反服」。[39]丁若鏞認為孟子對該問題的看法過於偏激。

> 鏞案，告君之辭，不嫌剴切。孟子以其告君之故，其言如此，豈可以此疑孟之非聖乎？孔孟大小，人孰不知，惟此章不必病也。汲冢周書云，德則民戴，否則民讎，梅氏據此，其作太誓曰，撫我則后，虐我則讎，又曰獨夫受，乃汝世讎，又曰以爾衆士，殄殲乃讎，將武王非聖人乎？今之讀書者，不病太誓，獨病孟子，孟子其堪乎？[40]

丁若鏞對孟子的推崇雖然起源於《汲塚周書》和題為梅賾所作的《泰誓》，綜合其對孟子談論的評價可知，丁若鏞並不認為孟子的觀點有誤，亦同樣尊崇孟子為聖人。這樣的評價，在其所著《湯論》表現得更為突出。[41]

> 湯放桀可乎？臣伐君而可乎？曰古之道也，非湯刱爲之也。神農氏世衰，諸侯相虐，軒轅習用干戈，以征不享，諸侯咸歸。以與炎帝戰于阪泉之野，三戰而得志，以代神農，見《本紀》則是臣伐君，而黃帝爲之，將臣伐君而罪之，黃帝爲首惡，而湯奚問焉。[42]

此處丁若鏞使用的論證方法和〈離婁下〉第三章類似，即不直接把臣

---

39 同前注，鏞案條。

40 同前注。

41 《孟子要義》中幾乎不見對君臣關係的註釋。通過〈湯論〉、〈原牧〉不難看出丁若鏞對此問題不無關心，只是《孟子要義》著述時出於某種原因並未談論該問題。通過丁若鏞的政論散文，可以窺見其對該問題的觀點。

42 丁若鏞：〈湯論〉，《文集》，收入宋載邵主編：《定本與猶堂全書》，第2冊。

討伐君作為問題，爲了探討商湯的問題，首先要探討三皇五帝中的黃帝，因為皇帝就是以下犯上的始祖。丁若鏞在接下來的論證中指出，所謂君主，乃「下而上」原理下被選出的存在，因此可以通過下屬的奏請而交替。[43]並通過以下巧妙的比喻，說明了此觀點。

舞於庭者六十四人，選於中，令執羽葆，立于首以導舞者，其執羽葆者能左右之，中節則衆尊而呼之曰我舞師，其執羽葆者不能左右之中節，則衆執而下之，復于列，再選之，得能者而升之，尊而呼之曰我舞師。其執而下之者衆也，而升而尊之者亦衆也，夫升而尊之，而罪其升以代人，豈理也哉。（上同）

舞衆推選舞師，並非通過天命或者血統，而是完全通過才能。因此根據才能，舞師隨時可能交替。接下來湯論的主張，體現了丁若鏞對君臣關係問題的一貫主張，同時體現了他對歷史變遷的洞察力。丁若鏞在《湯論》結尾中這樣寫道：

自漢以降，天子立諸侯，諸侯立縣長，縣長立里長，里長立鄰長，有敢不恭其名曰逆，其謂之逆者何？古者下而上，下而上者順也。今也上而下，下而上者逆也。故莽操懿裕衍之等逆也，武王湯黃帝之等，王之明帝之聖者也。不知其然，輒欲貶湯武以卑於堯舜，豈所謂達古今之變者哉？莊子曰蟪蛄不知春秋。（上同）

下剋上的表現雖一致，然而王莽、曹操成了逆臣，武王和湯王卻成了聖帝。說明隨著君主選舉標準的變化，其評價也有可能大相徑庭。正如蟪

43　同前注，「天子者，衆推之而成者也，夫衆推之而成，亦衆不推之而不成」。

蛄（知了）不知春秋，當時的君臣門固執於「上而下」原則。對此，丁若鏞指出「下而上」原理才是根本的，具備經學根據的。這樣的觀點後來依然為丁若鏞所堅持，並成為其政治論的核心主張。[44]

丁若鏞的該主張，源於其對前代權利正當性的反省。然而在朝鮮的經典解說史中，在以遏制現實世界王權的無道專橫為目的的理論構築上，丁若鏞並非第一人。晚悔權得己（1570-1622）的見解也值得玩味。

> 君固爲民而設，然使萬民，司平於君則，其受民之奉宜厚也。民之尊而奉之，亦宜也。但君不養民而虐之則，民相聚而叛之，雖非道義之當然，亦理勢之所必至也。臣弑君，子弑父，雖臣子之罪，亦君父有以致之也。世家巨族，與國同休戚者，或不得已而爲變置之事，雖非義理之至當，亦事勢之所必至耳。使君果虐民危社稷則，雖無變置，其死亡可立而俟。故孟子發此說以，警時君使之以此存心耳。若臣民之視君則，不可如是，孟子之言當活看，不可拘執。[45]

權得己認為，臣弑君，子弑父乃屬臣子的罪惡，然而錯誤不止在於臣子，君父亦是原因所在。與國家興亡同命運的世家、望族不得已謀反固然不對，然而此乃形勢發展的必然結果，是直面現實客觀狀況的結果。此處權得己對於君主和陳敏關係的考察，和丁若鏞在《湯論》中關於君主選拔

44 參見林熒澤：〈丁若鏞民主政治思想的理論、現實依據〉，《實事求是의韓國學》（首爾：創作과批評社，2002年）；安秉稷：〈茶山的侯戴論〉，《韓國實學研究》第1號（首爾：韓國實學學會，1999年）；金泰永：〈茶山經世論中的王權論〉，《茶山學》第1號（首爾：茶山學術文化財團，2000年）；白敏禎：〈丁若鏞政治論中對權力正當提問——以對帝命和後代論議的再次省察為中心〉，《哲學思想》第29輯（首爾：首爾大學哲學思想研究所，2008年）。

45 權得己：《孟子・盡心下》第14章，《孟子僭疑》，收入成均館大學校大東文化研究院編：《韓國經學資料集成》，36（首爾：成均館大學校出版部，1991年）。

的觀點一脈相承。

> 鏞案，天道以德之善惡爲尊卑，如人道以爵之高下爲尊卑人，苟仁矣，其位之爲士爲庶，天所不問，豈非天之尊爵乎？[46]

三、對人的關心和愛，以及對人能力的信賴

然而由爲民轉到民主的重要思想根據，要以對其自身的擁護和信賴為基礎。因為若不以此為政治的根本原理，民本的爲民依然是被動的德治表像化政治原理。正如前文中所提到的，星湖李瀷強調了君主職責包含的職域意義。他提出君主和百姓的問題不在於高低貴賤，而在於構成，這是對君主職責意義的根本性考察。

> 國之所以爲國者，有君有民也。君與民皆人也。然容有有民而無君，未有無民之君則，爲君之道得民爲上。[47]

君主作為一種職責、職域，從根本上決定了它是無法優先於民的存在，這種思維已經萌芽。丁若鏞在《原牧》裡對其作出了積極解釋，他認為百姓為了自身的方便，選出優秀的人並擁戴其為君主。並且他在《湯論》中指出，沒有實行為百姓謀方便任務的王權，最終只能淪為被革命的對象。

然而它並未發展成為萬民平等的原理，士大夫階層、奴婢制度的存在是歷史造成的實體，成為了當代的習慣。儘管李瀷憎惡奴婢法，卻並未能

---

46 丁若鏞：《孟子・公孫丑上》，第7章，《孟子要義》，收入宋載邵主編：《定本與猶堂全書》，第7冊。

47 李瀷：〈得民得人〉，卷19。

主張廢止奴婢制度本身。

> 國奴婢之法，天下古今之所無有也。一爲臧獲，百世受苦，猶爲可傷，況法必徒母役則，母之母與夫其母之母之母，推至于十世百世之遠，不知爲何世何人而，使其杳杳綿綿之外裔，任受窮天極地，無限苦惱，不得脫。[48]

丁若鏞通過區分君子和小人，提出了對社會構成階級的認識。丁若鏞認為，對嚴格區分階級的必要性的認識和階級區分的維持，必須以學問和道德作為準繩。

> 入仕爲君子者，其位尊貴，操業爲小人者，其位卑賤，兩等而已。然君子之子孫，世守其道，績文秉禮，雖不入仕，猶爲貴族彼甿隷之子若孫，敢不祗敬，此第一等當辨者也。……然嚴於辨等者，俗謂之正名分，斯則過矣。君臣奴主，斯有名分，截若天地，不可階升。若上所論者，可曰等級，不可曰名分也。[49]

丁若鏞的這種認識，多方面展現出其進步性，同時也反映出階級難以超越，然而丁若鏞通過提出仁政的具體制度，試圖拯救苦痛中的民。例如通過土地制度改革，從政策上將權力層的土地兼併導致的民生問題具體化。丁若鏞提出的仁政指引具體的制度和政策，他認為這就是王政的安民。

> 滕文公行井田法，則曰聞君行仁政，孟子一生經濟，在於經界。大抵井田之法在王政，如規矩之於方員，六律之於宮商，田

48　李瀷：〈奴婢〉，《星湖僿說》，卷12，收入李佑成編：《星湖全書》。

49　丁若鏞：〈六條辨等〉，《牧民心書 II》，收入宋載卲主編：《定本與猶堂全書》，第28冊。

政先正，然後禮樂兵刑，萬緒千頭，俱有條理。柳磻溪（柳馨遠1622-1673）經國之書，必從田政始，可謂知本之學也，井田今不可行，惟均田之法，在上者斷而行之，斯可爲矣，堯舜大聖人也，堯舜之道，大聖人之道也，不以仁政，不能平治天下，卽仁政果規矩六律哉![50]

他還堅信民的潛在力量，同時觀察和支持人民對抗統治者的壓制，齊心協力使不當的指示屈服的麥卡錫主義。

天下之至賤無告者，小民也。天下之隆重如山者，亦小民也。自堯舜以來，聖聖相戒，要保小民，載在方冊，塗人耳目。故上司雖尊，戴民以爭，鮮不屈焉。鄭宅慶，海徼之武人也，爲彦陽縣監，戴民以爭，監司屈焉。災結事也，見稅法，安鳴鶴，義州之土民也，爲康津縣監，戴民以爭，監司屈焉。[51]

同時，他還表明了對擁有政治覺悟人民的自發性政治行為的積極支持。

谷山之民，有李啓心者，性喜談民瘼。前政時砲手保棉布一疋，代徵錢九百。啓心率小民千餘人入府爭之，官欲刑之，千餘人蜂擁啓心，歷階級，呼聲動天，吏奴奮梃以逐之，啓心逸。五營譏之不可得。鏞至境，啓心疏民瘼十餘條，伏路左自首。左右請執之，鏞曰「毋，旣首不自逃也。」旣而釋之曰「官所以不明者，

50 丁若鏞：《孟子・離婁上》，第1章，《孟子要義》，收入宋載卲主編：《定本與猶堂全書》，第7冊。

51 丁若鏞：〈奉公六條・文報〉，《牧民心書 I 》，收入宋載卲主編：《定本與猶堂全書》，第27冊。

民工於謀身，不以瘼犯官也，如汝者官當以千金買之也。」[52]

丁若鏞對民的認識，即「官所以不明者，民工於謀身，不以瘼犯官也，如汝者官當以千金買之也」的觀點，不單純是統治者對被統治者的懷柔，更是對民的自發能力帶來的整治效果和潛力的深刻理解。這是通往民主的重要認識指南。

四、星湖學派為民與民主的意義：與孫中山的民權主義相比較

孫中山曾謂，民權不是天生的，是由時勢和潮流所造就出來的，是歷史進化的過程中鬥爭和爭取的產物。因此，民權並不是由擁有權力的統治者所賜予的。但多數的民眾並不會主動爭取民權，不管是否意識到這個問題，民眾都被統治者所統治，並根據職責被劃分為勞心者和勞力者，或根據身份和經濟力量被劃入不同的集團。孫中山認為，政治就是多數人的管理，或管理多數人的事情，而管理多數事情的力量即為政權。所以今天由人民管理政治即可稱為民權。

民國的人民都是國家的主人，但大部分的人民對此是無知無覺的。所以孫中山建議，如同乘車時應由司機負責驅車前進一樣，應該分配權和能，由具備能的政府來管理人民的權。[53]當然，孫中山也從職責範圍上限制了分配的內涵，指出託管給政府的是可以活用的能，而非本質的權。

---

52 丁若鏞：〈自撰墓誌銘〉，《文集》，卷16，收入宋載卲主編：《定本與猶堂全書》，第3冊。

53 參見孫文：〈民權主義5講民國13年4月20日講義〉，收入李容範譯：《三民主義》（首爾：三省出版社，1991年）。

但是，其有關監督權限的主張卻具有理想化的色彩，且判斷其期限的也是某一勢力利益的代言人。舉例來說，對於朝鮮努力爭取民權的判斷都源於暴力統治者日本，而日本則認為「只今的朝鮮人還不知如何爭取民權，所以我們日本只能代替他們統治朝鮮」，可見為人民打算只能稱為空想，其實質是虛幻不實的。

在這一點上，星湖學派爲民與民主的視角給予我們不少的啟迪。李瀷提出「命出於君，事付於臣，命屬心，事屬身」，[54]認識到臣下不同於君主的處境，並主張「既有民矣，須有以治之，其上承乎君，下施於民者，惟臣，臣者亦人者也」[55]，闡明其對階級的立場。與此同時，李瀷提出「爵位而貴之，祿俸而養之」[56]，闡明臣子所處的社會經濟狀況。[57]李瀷對於君臣關係的觀察和思考可歸結為爲民，這不是因為其主張施惠於民，而是因為他從政治原理上對應當取得的權利提出了正當的要求，這種思維方式值得深思。此外，李瀷並未以統治者的身份俯視民眾，而結合自身所處的狀況，對民眾投以感同身受的視線，這些都賦予其積極的意義。

通過對茶山丁若鏞有關權力形成的系統而徹底的考察，可以發現其自下而上的政治原理，及考慮到民眾的立場，欲將實質性改善民生的具體方略制度化的意圖。此外，也可發現丁若鏞對民眾所擁有的潛在可能性和實際力量的信任，及試圖通過民眾來發展國家政治的嘗試。這種思維的背面閃耀著民主思想的光芒。

星湖李瀷的門人中，以文學名世的李用休在送別前往西河擔任裨將的

54　參見李瀷：〈君逸臣勞〉，《星湖僿說》，卷7，收入李佑成編：《星湖全書》。

55　參見李瀷：〈得民得人〉，卷19。

56　參見李瀷：〈祭奴文〉，《星湖僿說》，卷6，收入李佑成編：《星湖全書》。

57　韓佑劤：《星湖李瀷研究》（首爾：首爾大學校出版部，1980年）。

友人時，寫下了充分展現星湖學派關於統治者和被治者的政治性、人性視角的著名詩篇。[58]本文引用此詩來作結：

人與人相等，
官何民居上。
爲其仁且明，
能副衆所望。

---

58 崔益翰在《實學派和丁茶山》（首爾：韓國文化社，1996年）中指出，在君臣關係和階級問題上，茶山的鼻祖——星湖的觀點溫和而具有先進性。

9

臺灣年輕人的民主價值對兩岸關係發展的影響

范世平
臺灣師範大學政治學研究所教授

臺灣在1987年宣布解除戒嚴，1991年進行國民大會代表改選，1992年進行立法委員的全面改選，1996年舉行首次總統直選，推動了快速的民主化進程。

一、臺灣的民主化進程中，北京無暇顧及。

在臺灣積極推動民主化的這一段時間，大陸正經歷1989年的六四事件，一方面忙於處理內部安定與未來路線問題，另一方面必須應付國際上的抵制與制裁，因此並無餘力顧及臺灣內部的政治發展；其次，由於兩岸隔閡將近四十年，大陸當時對於臺灣的政治了解有限，也沒有介入的空間，所以也只能「放任」臺灣自己搞民主化；另一方面，中共當時主要在意的臺灣議題，是有關兩岸統一的問題，特別是1991年海基會與海協會相繼成立後，兩岸關係發展快速，加上1992年九二共識的出現，1993年海基會董事長辜振甫與海協會會長汪道涵在新加坡舉行會談，使得中共認為兩岸統一似乎指日可待，在此大趨勢下臺灣民主化就不是個太重要的問題，因為這不過是「一國兩制，臺人治臺」下「高度自治」的方式而已。

（一）臺灣民主能有效防止兩岸統一？

李登輝執政後積極推動民主化，除了是呼應當時臺灣社會希望脫離威權統治的民意外，也藉此引進本土與新興勢力進入國民黨，以剷除黨內的老舊力量。另一方面，當臺灣進入民主化後，將從過去「由上而下」的決策方式，轉變為「由下而上」。以當時臺灣的人口結構來說，本省人佔了絕大多數，外省人居於少數，所以本省人在選票結構上有絕對的優勢。由於臺灣內部支持兩岸統一的民意大多集中在外省族群，本省族群較拒絕統一，在此情況下臺灣不容易產生支持統一的總統。而即便這個總統當選後想要統一，也不可能恣意而行，因為他必須接受民意的監督與立法院的制衡。

反之，在威權統治下，只要兩岸領導人談好條件，就可能立即統一。只不過在蔣中正時期堅持「漢賊不兩立」，蔣經國時期強調「不接觸、不談判、不妥協」，所以國共兩黨才沒有進行密室交易，蔣家父子才沒有辦法「出賣」臺灣。所以臺灣若能民主化，才能真正防止兩岸統一，才能確實保護臺灣，這就是所謂的「民主保臺論」。

（二）對中共來說臺灣民主不是個好東西

隨著臺灣的外省族群逐漸凋零與減少，隨著本土化教育的落實，誠如前章節所述，近年來臺灣支持統一的民意不斷降低，支持臺獨的民意增加，對兩岸交流產生憂慮與質疑的聲音不減反增。而這些民意的直接表現就是選票，所以當連勝文家族在兩岸的豐富人脈被質疑時，這不但不是他競選的優勢，反而成為負債，如此就會出現北京難有施力空間的狀況，甚至是越想幫忙卻可能是幫倒忙。而臺灣政黨或政治人物，也屢屢以「民意不支持」、「不利選舉」為理由，拒絕中共的要求。這讓北京覺得，臺灣人老是「拿民意，拿選舉」作藉口，當作擋箭牌。

因此對於中共對臺工作來說，民主不是個好東西，因為北京沒有辦法影響臺灣的民意與選舉。反之，臺灣的民意與選舉卻會成為阻礙兩岸關係發展的障礙。因此，當臺灣趁著北京不備之際「偷渡」民主成功，中共已經吃了一次虧，所以對於香港的民主，特別是特首的選舉方式，自然必須牢牢緊握。北京設置了提名委員會作為篩選特首候選人的機制，使得香港人雖然可以直選特首，但候選人都是經過北京同意的。北京不能讓一個具有民意支持，卻在政治立場上反對中共的人當選為特首。

二、臺灣民眾對中共最大的負面印象就是專制極權

根據「聯合報」所公布的民調，誠如表1所顯示，從2010年到2014年，臺灣民眾對於大陸政府的負面印象，從54%增加到57%；正面印象卻從33%降低到26%。對於大陸人民的負面印象，從47%增加到51%；正面印象從38%降低到36%。顯示兩岸交流越頻繁，並未增加臺灣民眾的正面觀感。

其中負面印象的第一名是專制集權，第二是強勢霸道，第三是獨裁，第四是不民主。總的來說，就是中共仍是一個威權獨裁的政體，此與臺灣的政治體制產生了巨大的反差。

這對於臺灣年輕族群也產生相當大的影響，特別是大陸政權的專制極權、強勢霸道、獨裁、不民主與貪腐等印象，成為他們「反中」的主要原因。

表1　臺灣民眾對於大陸印象之調查統計表

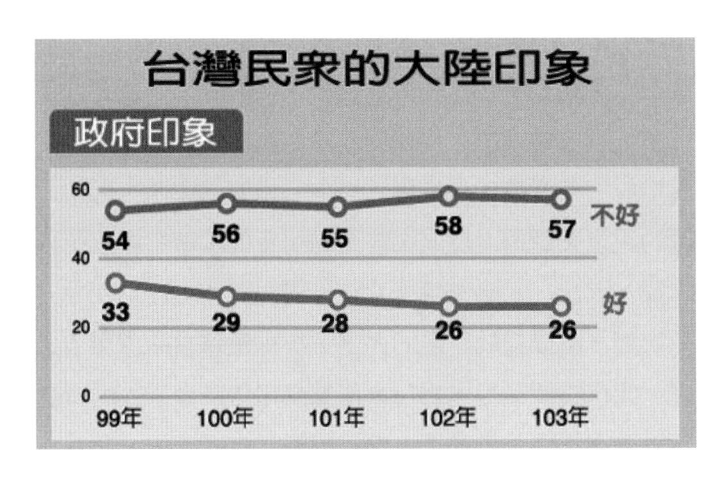

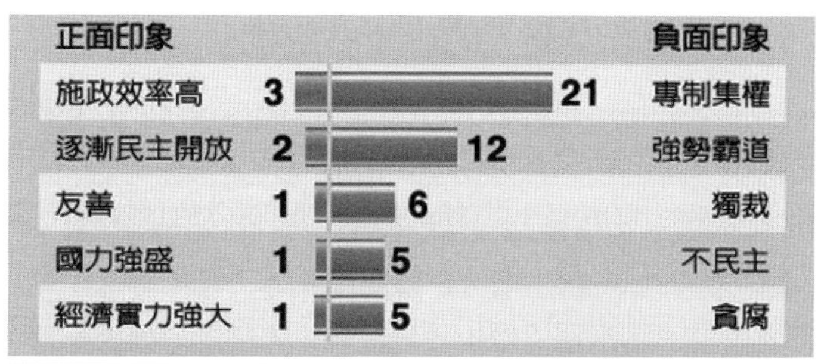

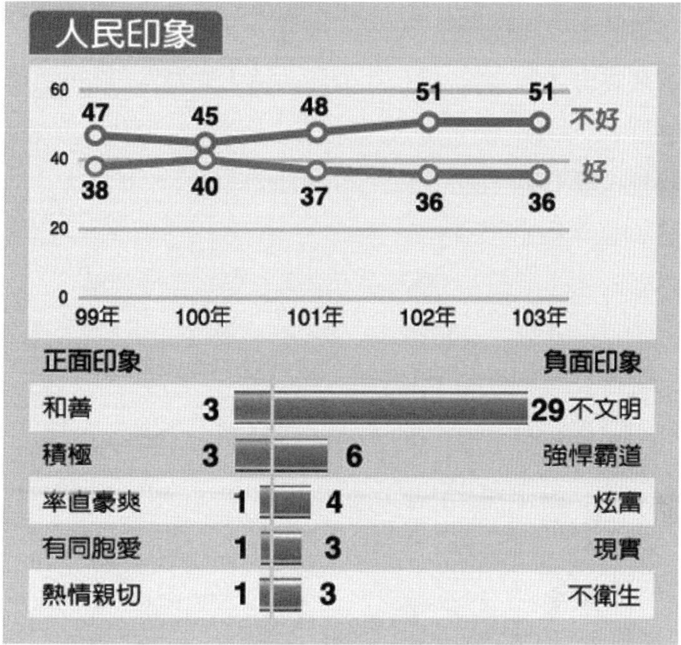

註／1.表中數字為百分比，不含無意見及未回答的比率
2.正負印象只列出比率最高前五項，不提示選項
資料來源／聯合報系民意調查中心

■聯合報

資料來源：聯合報系民意調查中心，「臺灣前途，47%盼永遠維持現狀」，聯合報，2014年9月15日，請參考

http://udn.com/NEWS/NATIONAL/NATS5/%E5%8F%B0%E7%81%A3%E5%89%8D%E9%80%94%2047%25%E7%9B%BC%E6%B0%B8%E9%81%A0%E7%B6%AD%E6%8C%81%E7%8F%BE%E7%8B%80-8936190.shtml。

三、中共難以處理臺灣人的「核心價值」

當臺灣完成了兩次政黨輪替後，時至今日的臺灣社會，逐漸凝聚出一種共同的價值觀，那就是：「臺灣是個主權獨立的國家，名稱是中華民國，身份上認同自己臺灣人而逐漸擺脫中國人，堅持民主、自由、法治與人權的基本價值，兩岸關係是國與國關係，希望兩岸繼續維持現狀與和平穩定」；這已經成為臺灣今天的核心價值。

根據陸委會於2014年7月公布委託政治大學選舉研究中心所進行之民調，誠如圖1所顯示，儘管半數民眾認同兩岸維持現狀，但是近二年偏向獨立的臺灣民眾不斷增加，達23.8%，創歷史新高。

圖1　臺灣民眾統獨立場趨勢分佈圖

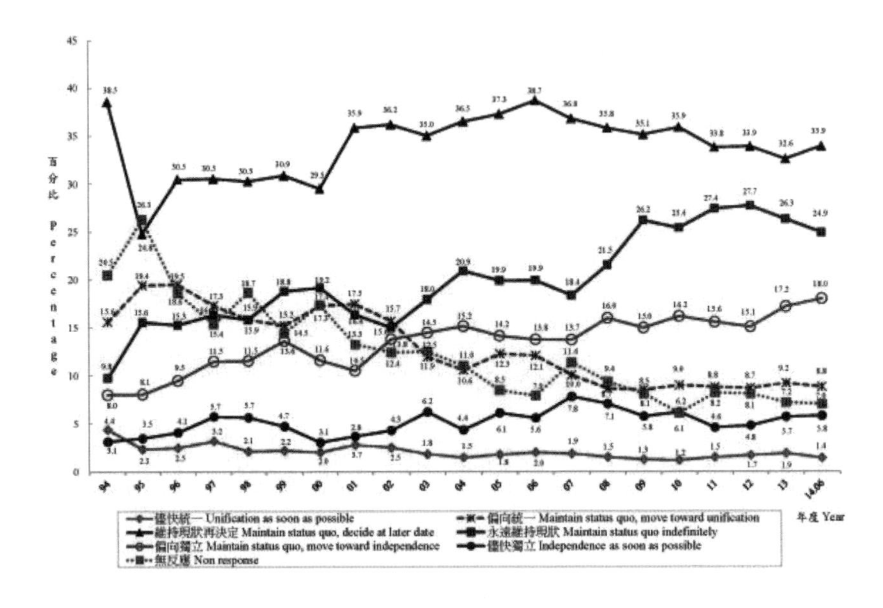

資料來源：「臺灣民眾統獨立場趨勢分佈(1994年12月~2014年6月)」，**政治大學選舉研究中心**，2014年7月9日，請參考http://esc.nccu.edu.tw/course/news.php?Sn=167#。

而如圖2所示，臺灣民眾「認為自己是臺灣人」的比例達到歷史新高的6成（60.4%），反之認為自己是臺灣人也是中國人的民眾，卻從4-5成逐漸下降。

圖2　臺灣民眾臺灣人/中國人認同趨勢分佈圖

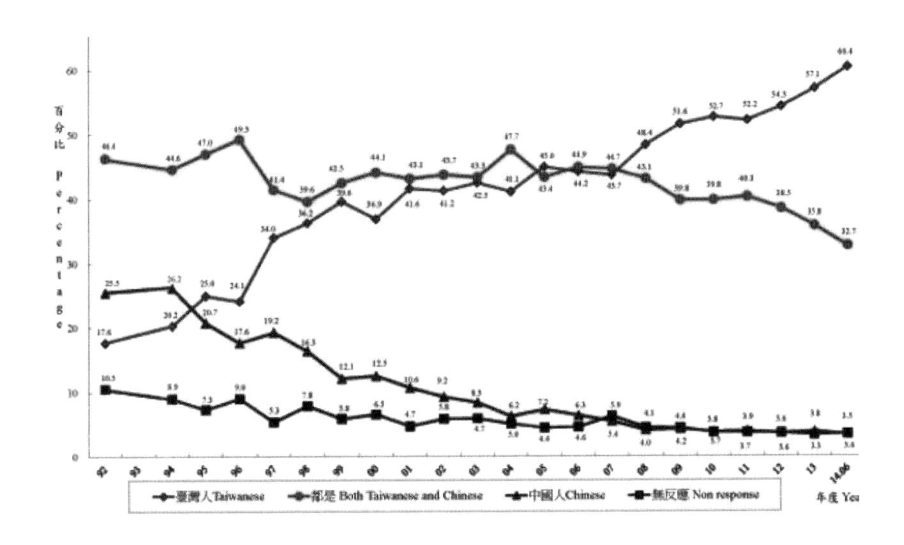

資料來源：「臺灣民眾臺灣人/中國人認同趨勢分佈(1992年06月~2014年06月）」，**政治大學選舉研究中心**，2014年7月9日，請參考http://esc.nccu.edu.tw/course/news.php?Sn=166。

另一方面，根據2014年9月15日「聯合報」所公布的民調，誠如表2所顯示，2010到2014年臺灣「廣義」支持統一的民意（包括儘快統一與先維持現狀再統一），從14%降到12%，「廣義」支持臺獨卻從31%增到34%（包括儘快獨立與先維持現狀再獨立）。

表2　臺灣民眾對於兩岸關係態度之調查統計表

民眾對台灣前途的主張

	儘快獨立(急獨)	先維持現狀再獨立(緩獨)	永遠維持現狀	先維持現狀再統一(緩統)	儘快統一(急統)
99年	16	15	51	9	5
100年	14	15	52	10	4
101年	18	13	48	10	5
102年	20	13	47	10	5
103年	19	15	47	8	4

註／表中數字為百分比，不含無意見及未回答的比率　■聯合報
資料來源／聯合報系民意調查中心

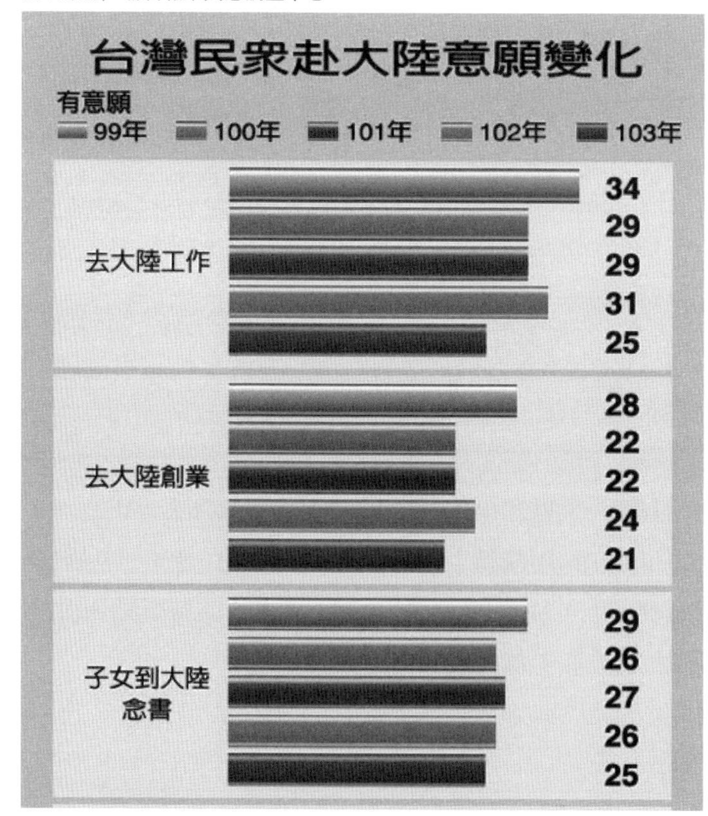

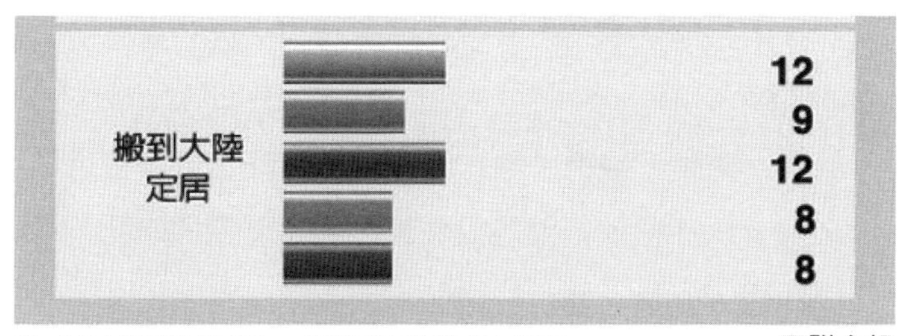

資料來源：聯合報系民意調查中心，「臺灣前途，47%盼永遠維持現狀」，**聯合報**，2014年9月15日，請參考

http://udn.com/NEWS/NATIONAL/NATS5/%E5%8F%B0%E7%81%A3%E5%89%8D%E9%80%94%2047%25%E7%9B%BC%E6%B0%B8%E9%81%A0%E7%B6%AD%E6%8C%81%E7%8F%BE%E7%8B%80-8936190.shtml。

（一）中共仍無法面對臺灣的「核心價值」

中共迄今仍罔顧此一價值，完全否定中華民國持續存在的「事實」；而在兩岸經貿交流上，始終脫離不了「以經促政」、「以通促統」的統戰思維，希望藉由「讓利」來換取臺灣民眾的政治認同。

未來，不論臺灣是哪一個政黨執政，中共當局真正要面對的，是臺灣在歷次總統選舉過程中所逐漸凝聚出來的「臺灣核心價值」，因為已經沒有哪一個政黨或總統當選人，能夠在施政上與此價值背道而馳。另一方面，當中共仍無法接受這個價值的情況下，任何一個總統當選人也都必須面對兩岸在價值觀上的可能衝突。

特別是臺灣人有高度的「國家意識」，但中共卻不願意正視，這使得對臺任何讓利，都會被臺灣人負面理解，認為是「糖衣砲彈」；而所謂九二共識的「一個中國原則」，也會被狹隘解讀只是「中華人民共和國」。當「一中原則」成為外交上打壓臺灣的工具，就會造成臺灣民眾對九二共識的質疑。

而對於中共來說，臺灣人的「國家意識」就是「臺獨意識」，因此無法接受，必須予以打壓，結果造成臺灣民眾的反彈。如此，將使得兩岸永遠缺乏互信基礎，成為一種惡性循環。

（二）北京認為318學運只是「吃飯問題」

318學運之後中共對臺工作更加強調「三中一青」，特別是鎖定青年工作。但是北京把318學運發生的原因，還是簡化為臺灣青年對於22K低收入的不滿，加上工作難找，而把一切罪過推給中共所致。因此這只是「吃飯問題」，而解決方式一方面是提供臺灣青年前往大陸的工作與創業機會，另一方面則是由大陸企業提出資金提供臺灣年輕人創業，例如馬雲的阿里巴巴集團於2015 年 3 月 2 日宣布在臺灣設立非營利性創業基金，扶持臺灣年輕人創業，該基金總額為 100 億新臺幣。[1]

但北京不願意面對318學運的核心因素，就是年輕人擔憂臺灣的主權與民主體制，會因兩岸的經貿交流而受到傷害。事實上，臺灣已經是市民社會，價值多元，固然有年輕人在意「吃飯問題」，但更多的年輕人在意的是政治問題與尊嚴問題。

---

1 「馬雲說到做到，阿里巴巴在台設立100億創業基金」，財經新報，2015年3月2日，請參考http://finance.technews.tw/2015/03/02/alibaba-venture-fund/。

四、結語

雖然兩岸的經濟與社會互動關係緊密，但臺灣民眾始終抱持的是「務實而自利的兩岸觀」。首先，兩岸的經貿交流必須奠定在「對我有利」，倘若對我不利或是產生負面效果，則寧可不要。這個「利」，除了經濟層面外尚包括政治與社會層面，如必須犧牲臺灣的主權或民主來換取兩岸經貿，就難以接受。也因此，兩岸經貿對於臺灣選舉來說，是「必要因素但非絕對因素」，在不犧牲臺灣政治利益的情況下歡迎兩岸經貿；但若是希望藉由兩岸經貿的強化，來根本改變臺灣人的統獨態度與政黨喜好，將十分困難。這基本上與臺灣已經進入市民社會與價值多元，有密切的關係。

第二，由於長期以來臺灣民眾對大陸的信賴不足，因此臺灣不論政府或企業，仍對兩岸經貿與社會交流，保持高度警覺，甚至是神經緊張。第三，從香港的經驗可知，兩岸經濟與社會的結合日益緊密，如果大陸的軟實力無法提升，光是仰賴經濟的硬實力，所帶來的可能是彼此的磨擦加劇。

儒家道統在政治上可操作嗎？

鄭文泉
拉曼大學中文系副教授兼中華研究院副院長

一、正曲：要不回的傳統儒家「治道民主」！

近現代儒學自康有為以來，就有個「真孔子」和「假孔子」的諍辯，大意是漢朝以來的儒學發展均非孔子真精神的展現。風潮所及，就連遠在東南亞的華人亦莫不作如是觀，如當時東南亞孔教運動的舵手林文慶（1869-1957）在1914年出版的《民國必要孔教大綱》就一再認為「歷代帝王，則又假孔子之道，而陰行其專制也」、「孔子而後，亦未嘗實行儒者政治。故如以前政府之腐敗，不得視為儒者之政理」等。[1] 這個「真孔子」和「假孔子」諍辯的背後，還有一個近現代儒學的伴隨曲，即「真孔子」之學才真合於當時西學、西潮的，故恆援西學以詮解孔學。這種近現代儒學的特點，就是發皇於1957年以後的當代新儒學之牟宗三身上，亦不能免。

從政治的角度來說，牟宗三的「真孔子」和「假孔子」之諍辯，就表現在中國過去有「治道」的民主而無「政道」的民主一說。按《政道與治道》一書，牟宗三以為「若只限於治權（按：治道）方面說……以今語言之，即還不能算是真正之民主」：

> 只有治權之民主，而無政權之民主，則治權之民主亦無客觀之保證，而不得其必然性。而真正之民主則寄託於政權之民主。若論治權之民主，治權方面之「天下為公，選賢與能」；則三代以後以及秦漢以後，皆事實上已時有之，而原則上亦普遍肯定之。故吾謂中國有治權之民主也。……秦漢以下，士人握治權，則治權民主之門尤開擴。故云事實上時有之，原則上亦普遍肯定之。然

1 見林文慶：《民國必要孔教大綱》（上海：中華書局代售，1914年），頁18、108等。今輯入嚴春寶編譯：《林文慶儒學文選譯註》（北京：中國社會科學出版社，2014年）。

政權不民主，則時有而不必有，即無客觀之保證也。[2]

至於今天「真正之民主」， 在牟宗三看來則合於古代「天下者乃天下人之天下」的觀念：

所謂「天下者乃天下人之天下」，是說：天下為全集團人員所共有，其共有也，是總持地有，共同地有，非個個人員個別地有，或分別地有。……天下既是共同地有之。或總持地有之，則政權當然也是共同地有之，總持地有之。此即函：天下或政權不可打不可取。今既打而取之，據為私有，則當然是一大歪曲。[3]

據上可知，牟宗三以為秦漢以降的治權民主，還不能表現出儒者「天下者乃天下人之天下」的政權民主之初衷與本懷，而此則真合於今之西方（政權）民主政治之潮流，可見其近現代儒學特點之一斑。

關於這點，自九十年代興起於中國大陸的「大陸新儒家」，頗有成員對此一特點之當代新儒學表不以為然。出身美國波士頓大學政治哲學專業博士的白彤東，對此就有這麼的評說：

我覺得，海外新儒家更多的是一個民主的啦啦隊，基本上接受的都是西方的整個一套政治安排，他們只是在西方的一套政治安排提供一個儒家的道德形而上學的基礎。……在接受一些從西方發源出來的，但是跟儒家思想也可以吻合的一些思想的基礎上，我們再來考察一下儒家有沒有什麼正面的建設性的貢獻。對整個自由民主安排裡邊的一人一票，儒家是不能接受的。因為，儒家雖

---

2 見牟宗三：《政道與治道》（臺北：臺灣學生書局，1991年增訂新版），頁10-11。

3 同前注，頁20。

然講「天聽自我民聽」，但是也講了「勞心者治人」這樣的說法，所以，按我的理解，精英思想是我所理解的儒家傳統裡面很重要的一個精神、一個根本性的東西，是不能變東西。儒家是有很強的精英的側面。那麼，我們應該去進一步想像，基於儒家義理的理想政體應該是怎樣的。[4]

把牟宗三或當代新儒家上述民主論述視為西方「民主的啦啦隊」或失之過激，但多少也可看出近現代儒學將過往儒學視為「假孔子」之不合「真孔子」之精神，而以後者為與西潮、西學殊無二致的觀點，確有可待檢省之處。

從今天的政治情勢來說，中國大陸或可謂尚無政權民主之政治，但問題可能和已臻政權民主的臺灣一樣，均已共同失去了過去「假孔子」時代的治權民主之現實，也就是治道部分亦已徹底西化。從中國大陸和臺灣仍然是亨廷頓「文明衝突論」中的儒家文明圈的兩個國度來看，二者的理想政局應該是保有過往治權民主的基礎之下，進一步在政權上實現「天下者乃天下人之天下」的民主化，才能保持其作為儒教國度的特徵與結構。然而，現實的情況是中國大陸和臺灣不論在政權上有何不同，共同的問題是均已失去過去治道的配合條件，也就是儒教國度的構成基礎，使政權民主（如有）最後也變成一個不能決定其為何種文明國度的「形式的實有」（牟宗三語），成一無文明意涵的空架子。

在近現代儒者視為是「假孔子」時代的治道民主之中，特別是它的選舉和職官二方面，不但都和儒家有關，且構成了此之為「（假）孔子」意義的治道民主，而非其它。從選舉這一方面來說，中國過往從公人員

4　見白彤東：〈儒家拯救中國、拯救世界〉，《儒常》2015年第3期（2015年2月25日），頁20-21。

（官員，吏則不在此列）無不需從科舉出身，也就是需具備儒者「經義」與「策問」二大方面的心智積澱與從公資歷，始能就職；居治道之上的皇帝，雖無需經選舉，但歷朝都有各自的太子教育或皇儲教育，其內容亦與官員之「經義」、「策問」訓練無大異，[5]從而確保了治道整體人員背景的一致性。至於職官這一方面，從京官到外官的行政機構或職能，大致按《周禮》的六官（吏、戶、禮、兵、刑、工）來統籌；施政先後，則發皇孔子「既富而教」之義為唐杜佑《通典》一書「是以食貨為之首，選舉次之，職官又次之，禮又次之，樂又次之，刑又次之，州郡又次，邊防末之」之義，後復有《續通典》、《清朝通典》續之，遂成一「三通」治理傳統與思想。過往中國治道之所以為孔子的，其梗概即在此二選舉與職官均按儒者之規矩行之，此近世視其為「假孔子」之治道論者或宜加以慎別之。

不唯如此，風行草偃所及，連民間的治道亦經孔子化，使中國上下階層同保為孔子教化之國度。關於這點，宋儒朱熹一改先秦《大學》「家、國、天下」之說為其《儀禮經傳通解》一書之「家、鄉、學、邦國、王朝」之五級階層以明治道，且各層之治道燦然，如家禮之見於今人趙振輯《中國歷代家訓文獻敘錄》、鄉禮於牛銘實（Emerson Niou）輯《中國歷代鄉規民約》、邦國、王朝二禮於張希清、王秀梅輯《官典》（五冊）等所見，[6]足示儒者治道一說殊非烏有之事。也由此故，清儒陳宏謀乃能輯彙《五種遺規》一書（即晚清學堂「修身」一科課本），以〈養正遺規〉、〈教女遺規〉明家規、〈訓俗遺規〉明鄉（兼學）規、

---

5 此詳王鏡輪：《做一個皇帝讀書郎：從太子到天子的學習之路》（北京：華藝出版社，2005年）。

6 分見趙振編：《中國歷代家訓獻敘錄》（濟南：齊魯書社，2014年）、牛銘實編著：《中國歷代鄉規民約》（北京：中國社會出版社，2014年）、張希清、王秀梅編：《官典》，5冊(長春：吉林人民出版社，1998年)。

〈在官法戒錄〉明吏規、〈從政遺規〉明官規，此抑非儒者治規之流通與講習乎？[7]

二、反曲：「政」也不是、「教」也不是的現代儒家政治際遇！

話說回來，今天家、鄉二層的儒家治道或仍舊貫，但是學、邦國、王朝三層（官方階層）在中國大陸或臺灣，均今非昔比，無復儒家舊堂奧。從選舉和職官的角度來說，今天中國大陸和臺灣所實施的辦法，已大致和儒家脫鈎，此即後來余英時風行一時的儒家「遊魂」說所據，誠非無故。[8]實際上，中國大陸和臺灣在「政權民主」之有無的差別，並不妨礙彼此均為一近世西方世俗化的國體模式，即「政」、「教」分離而純為一「政」體之共同架構。儒家在政治上的遊魂遭遇，即源自於它在上述國體之下「政」、「教」倆皆非的現實窘境。

按黃進興的研究，儒家在「假孔子」的時代，實為一宗教即儒教，只是在清末以來被知識分子「從國家宗教解體為非宗教」，才有「今人習稱儒教非為宗教」的心智積澱。嚴格說來，儒教不僅是一宗教，而且還是一「官方的公共宗教」，或「國家宗教」，而非今人從佛教、基督宗教處所熟稔的「私人宗教」。所謂公共宗教，黃進興意指：

> 有別於祈求私人福祉的宗教，儒教追求的毋寧是集體式的「國泰民安」、「文運昌隆」。孔廟祭典的參預者或信眾，尤其具有強

---

7 按此為早期及通行輯本，若晚期《五種遺規》輯本（此或僅見於臺北：德志出版社，1961年）則與朱子「五禮」之說真合符節。除上提五種遺規，晚期輯本尚有《學仕遺規》一種，尤見學禮一義。

8 見余英時：〈現代儒學的困境〉，《現代儒學論》（紐澤西：八方文化，1996年），頁159-164。

烈的壟斷性，而僅止於統治者與儒生階層。是故，與一般百姓的關係，自然就相當隔閡。[9]

從上述朱熹「家、鄉、學、邦國、王朝」的階層來說，這還只是學禮一層的儒教，即主祀孔子的孔廟部分，遠不是儒教的全部內容。[10] 儒之為教，不在於各階層均有一主祀之對象（詳下表「吉禮」一欄所示），而在於每一階層均有一完整之「吉、嘉、凶、賓、軍」的五禮儀式，也就是晚近宗教學研究之恆以儀式（rituals）之有無來界定其為一宗教與否的指標。[11] 我們知道，家、鄉屬於民間階層，而主祀孔子的學禮則屬於公務人員（其時尚為儒生）的培育階層，祭祀時唯官員（如國子監之祭酒、各地儒學之教諭或地方官等）與儒生可入列，故可說是每個未來官員的必經門檻。

表一：傳統中國儒教體系

	吉禮	嘉禮	凶禮	賓禮	軍禮
王朝禮	天地				
邦國禮	山川				
學禮	孔子				
鄉禮	神明				
家禮	祖先				

9 見黃進興：〈清末民初儒教的「去宗教化」〉，《從理學到倫理學：清末民初道德意識的轉化》（臺北：允晨文化，2013年），頁266-267。

10 本文初在一會議提呈時，與會學人頗有以黃進興之義不足以見儒教之全貌者，予亦甚同此意。按黃進興之義為狹義即官方階層之儒教，其名為「孔教」，而廣義之儒教則當為散見家、鄉、學、邦國、王朝五階層之民間與官方儒教之總體。

11 Rabbi Marc Gellman and Monsignor Thomas Hartman: 'But because of their rituals, Buddhism and Confucianism are both clearly religions'，見Rabbi Marc Gellman and Monsignor Thomas Hartman, *Religion for Dummies* (New Jersey: Wiley Publishing, Inc., 2002), p. 27.

話說回來，這種視學禮為公務人員必經的儀禮門徑，意即「政」與「教」合，凡官員必同時是一儒生，亦唯儒生始可任官（明清有捐納之例，不在此列）。但是，這種意義的公務人員培育與資歷，在近世成立的民國或共和國已截然無涉，「政」已無「教」的要求與配合。從選舉角度來說，即是今日中國大陸或臺灣皆不要求當事人須為一儒生，始能從政或從公；反之，從政或從公之資格，恆從其為一公民及黨員等之背景取得，與「教」殊無瓜葛。這也是說，在現今中國大陸或臺灣「政」、「教」分離的世俗化政體之中，儒家已不能以「教」（且自清末起已被解構）的身份介入與發揮政治作用。

傳統儒教自清末以來既已被解構為一非宗教之儒家、儒學，且在同一時間亦受北洋政府尊孔之牽累，為後來新文化運動人士所群起攻訐，於政壇亦漸趨消亡。[12]在當世基督宗教、伊斯蘭教仍有組黨干政之舉，唯在儒教既已非宗教、儒家又漸趨沒落之情勢下，更無從有儒教代表或黨團之事，「政」之一事亦無從言起。仔細說來，此一儒教之被解構、儒家之漸趨消亡一說，僅是官方階層之儒家現象，民間儒教或不至此，甚至愈見蓬勃。按今官方之儒教，僅臺灣一地保有儀式性之祭孔，其餘則為中學之「中國文化基本教材」、大學之文史哲等學系之儒學形態；民間則為發皇過往鄉禮階層「鄉倉」一義之「民間儒教」之一貫道、德教等，於臺灣、東南亞華人社區甚見流衍，惜不為官方階層儒者所默識。換言之，今中國大陸與臺灣官方階層既已無儒教，民間儒教亦未曾組黨干政，故當世儒家無從以「政」之姿態重見於世。

若從職官角度為言，當今中國大陸與臺灣並無一專司儒教、儒學之機構，此尤可見其於政治殊無特別地位之時局。按中學、大學之儒學概為教

12　其詳見張衛波：《民國初期尊孔思潮研究》（北京：人民出版社，2006年）。

育部所統籌，孔廟祭孔之儒教，依黃進興之說則仍無一專司部門：

> 孔廟作為一種公共宗教，在傳統中國兩千年的發展中，是跟帝國的制度相結合的。清末以來，隨著帝制的瓦解，它也就成了文化遊魂，這是孔廟在臺灣和大陸一樣的窘境。比如在臺灣，政府的每一個部門都沒辦法跟它真正掛鈎，無論是教育部、文化部，還是內政部。……所以在臺灣，大家對儒家也非常冷漠，在大陸我想更嚴重。現在孔廟前面真的是門可羅雀。[13]

綜上可見，傳統儒教既已被解構為非宗教、儒家又無政治地位之下，在當今民國與共和國之「政」、「教」分離之世俗化政體之中，幾無置喙之地，此或其當世政治之處境。

三、合曲：政道上的「天下者乃天下人之天下」，治道上的「共存共榮」？

按上正、反二曲，本文對儒家之過往與當前中國政治之角色，已作了於今「政」、「教」倆皆非的分析，則當今之可能歸納為何，宜於此一合曲坦誠己見。其中一個重要認識，或是中國大陸「政權民主」之有無，並非儒家道統之能在政治行使與否之要件。從業已「政權民主」的臺灣例子來看，因其素為一「政」、「教」分離的世俗化體制，儒教作為一「教」將絕緣（於選舉，於職官）於政壇，作為一「政」之可能亦已為近世反儒勢力所消解。換言之，縱然中國大陸最終走向臺灣式之「政權民主」，或亦將重蹈後者「政」、「教」倆皆非的現實窘境。

---

13 見黃進興：〈克里歐的學徒〉，《從理學到倫理學：清末民初道德意識的轉化》，頁438-439。

在這種「政」、「教」分離的世俗化政體窘境之下，儒家如何自謀其將來政治之地位與角色？牟宗三在這方面有兩個不是那麼自明、和諧的論點，或須在此一析。一方面，牟宗三以為「政權民主」與「天下者乃天下人之天下」之觀念合，另一方面又堅持「中國文化主位性的維持」：前者政權不可私有之意甚明，後者之「主位性」之政治意涵則一時不甚明。我們知道，說政權不可私有，也應該包括政權不可為儒家所私有，因此一義將與「天下者乃天下人之天下」觀念相悖。然而，依牟宗三「中國文化主位性的維持」之意，儒家在此一天下似應有一特殊地位，否則與「殖民地」無異：

> 儒家是中國文化的主流，中國文化是以儒家作主的一個生命方向與形態，假如這個文化動源的主位性保持不住，則其他那些民主、科學等都是假的，即使現代化了，此中亦無中國文化，亦只不過是個「殖民地」的身份。[14]

據此，牟宗三是否意指中國不應走向「政」、「教」分離的「政權民主」模式，因此一離將導致「政」中無「教」即無中國文化，如此則中國文化的主位性保持不住，牟宗三明言此「民主……是假的」。言下之意，牟宗三以為中國文化主位性保得住的才是「真民主」，反之則為「假民主」。這麼看來，「政權民主」本身還不是最後的標準，它的「真」、「假」還取決於另一「中國文化主位性的維持」的評判尺度。

問題在於，牟宗三這種「真民主」即「真政權民主」指的是什麼，即儒家應在此一政權之中據有何種地位始為「真」，始為保持得住中國文化？如果這裡的「中國文化」即「中國文化是以儒家作主的一個生命方向

---

14 見牟宗三：〈新版序：從儒家的當前使命說中國文化的現代意義〉，《政道與治道》，頁29。

與形態」是指歷史上的現實，並無太多爭議，因為當前的「政權民主」並不涉及過往歷史事實的篡改；但牟宗三的立論之意，顯然是指向「政權民主」以後的中國文化，仍然得保持其為「以儒家作主的一個生命方向與形態」，這個則一時不能明。原因是「政權民主」之後的「天下者乃天下人之天下」，不可為任一集團所私有，那麼「中國文化是以儒家作主的一個生命方向與形態」為什麼不是一個圖利儒家的私有訴求與命題？我們知道今日中國的「天下」遠較過往中國還要分殊與多元，除儒、佛、道之外，還有新增的基督宗教、西方世俗化分子、馬克思主義分子等集團，牟宗三的「身為中國的基督徒（如）亦當自覺到自己有雙重的責任，雖然是信仰基督教但也絕不應該反對中國文化的主流是儒家」在政治上指的究是怎麼樣的態度？是指「政權民主」之後的中國（儒家）文化特徵不應被更改，此特徵的具體內容是指哪些？[15]另被認為是儒者（中國或儒家文化的代言人）的政治地位與一般非儒者又有何分別？這些恐怕都是我們在援引牟宗三如上「真政權民主」的言論時，有必要先代為釐清的涵意與問題。

另一方面，為牟宗三所承認的中國文化，恆指孔孟、陸王、胡劉一系的心性之學（此之謂「道統」，或「真孔子」之學），此之外的中國或儒家文化，包括上提表一的傳統儒教體系，或不為其所反對，但亦素非其講學之重點。牟宗三或當代新儒家的上述態度，余英時曾不無「過度詮釋」之嫌地指其為「反傳統的，而且其反傳統意識的激烈有時甚至不在『五四』主流之下」：

---

15 牟宗三在上一註一文所釋例子，指基督徒不應將中國史上的黃帝、堯、舜……孔子纂奪或改奪為耶和華、佛教徒不應將孔子貶低為佛家第七地菩薩等，是哲學論爭多過於「政權民主」的政治現實，故非佳例。

> 這裡我們必須再次提及他們那篇〈中國文化與世界〉的宣言。這篇宣言大致反映了他們的抱負——面對西方文化的衝擊，中國人必須重建中國文化的價值系統。在這個重建過程中，他們並不拒斥西方文化的成分；相反的，對於「五四」以來所提倡的「民主」和「科學」，他們同樣抱著肯定的態度。但是他們堅持一切西方的成分都必須安排在中國文化的價值系統之內。從這一點說，他們的立場當然是和「五四」以來的主流派恰恰相反。因此他們也往往被定性為文化保守派或傳統派。然而這種定性未必與實際相符。但事實上，他們把中國文化（以儒家為中心）的理想和現實一分為二，在現實的層面，從制度到習俗，他們毋寧是反傳統的，而且其反傳統意識的激烈有時甚至不在「五四」主流之下。[16]

倘如余英時所釋，則牟宗三之「中國文化主位性的維持」之說，寧不為一自打嘴巴之舉？從政治的角度來說，現實之儒家傳統為其所反對，其所贊賞之儒家傳統（道統）則為一不現實之理念，其政治可操作性之機率，於此可知幾近為零。

話說回來，如果我們從現實的角度來評析，則儒家將來政治地位與角色之謀取，或不難了知。一方面是民國與共和國已為一「政」、「教」分離且儒家倆者皆非的體制，另一方面是包括牟宗三在內的當代新儒家僅是現實特殊集團之一，於內既與德教、一貫道等民間儒教不同，於外亦與佛、道、基督宗教、西方世俗化分子等集團相異，多元化之社會現實在所難免。從「政」、「教」分離特別是已臻「政權民主」的世俗化體制來

16　見余英時：〈錢穆與新儒家〉，《現代儒學論》，頁142。

說，此政權既不可私有，則儒家（乃至所有其它各家）在此一政權之選舉、職官等方面亦不可要求獨據，以從政、從公人員必當先經一儒化之過程；與此相反，在「天下者乃天下人之天下」之政體中，儒家（乃至一切各家）在「天下」階層亦須以「天下」面貌（其具體形式含「共享價值觀」等）干世，方合此「天下人之天下」本義。至於在現實政治中，儒家僅是一元，與其它各家同蔚為多元之局，除非各造咸認同「中國文化主位性的維持」而賦予儒者一特殊之地位，不然「共存共榮」已是一不可迴避之構造。換言之，儒家之現實政治操作，即在政權層次落實「天下者乃天下人之天下」之公共觀念，於治權則要求「共存共榮」之合作機制。

薩迦1937年（兼公元2015年）8月22日初稿
1938年（兼公元2016年）4月30日修訂稿於
竹　溪　行　舍

國家圖書館出版品預行編目(CIP)資料

儒家道統與民主共和 / 郭敬東等作 ; 潘朝陽主編. -- 初版. -- 臺北市 : 師大出版中心, 2017.04
面； 公分. -- (漢學研究叢書 ; 5)
ISBN 978-986-5624-32-3(平裝)

1.儒家 2.政治思想 3.文集

121.207 105025484

漢學研究叢書005

書　　名｜儒家道統與民主共和
作　　者｜郭敬東、區建英、川尻文彥、黃玫瑄、陳昭瑛、小野泰教、黃麗生、咸泳大、范世平、鄭文泉
出　　版｜國立臺灣師範大學出版中心
發 行 人｜張國恩
總 編 輯｜柯皓仁
主　　編｜潘朝陽
執行編輯｜黃一雁、唐煒婷、林利真
地　　址｜106臺北市大安區和平東路一段162號
電　　話｜(02)7734-5289
傳　　真｜(02)2393-7135
服務信箱｜libpress@ntnu.edu.tw
初　　版｜2017年 4 月
售　　價｜新台幣 330 元(缺頁、破損或裝訂錯誤，請寄回更換)
I S B N｜978-986-5624-32-3
G P N｜1010600084